Santos populares

JOSÉ GIL OLMOS

Santos populares

La fe en tiempos de crisis

Grijalbo

Santos populares
El renacimiento de una fe perdida

Primera edición: enero, 2017

D. R. © 2016, José Gil Olmos

D. R. © 2017, derechos de edición mundiales en lengua castellana:
Penguin Random House Grupo Editorial, S. A. de C. V.
Blvd. Miguel de Cervantes Saavedra núm. 301, 1er piso,
colonia Granada, delegación Miguel Hidalgo, C. P. 11520,
Ciudad de México

www.megustaleer.com.mx

D. R. © 2016, Javier Sicilia, por el prólogo

ISBN: 978-607-314-986-0
Impreso en México – *Printed in Mexico*

El papel utilizado para la impresión de este libro ha sido fabricado a partir de madera procedente
de bosques y plantaciones gestionadas con los más altos estándares ambientales, garantizando
una explotación de los recursos sostenible con el medio ambiente y beneficiosa para las personas.

Penguin
Random House
Grupo Editorial

A Gema, por aceptar compartir el camino juntos y, sobre todo, por sus consejos y su bendita paciencia.

Índice

Prólogo

No es posible hablar de los santos populares y de la religiosidad popular que los genera, sin referirnos a la superstición. La palabra, que tiene en nuestro tiempo connotaciones negativas, viene del latín *superstitio* (*super* = sobre, *stare* = estar y *tion* = acción o efecto) y se refiere, en su sentido etimológico, a lo que está por encima de una situación o, en un sentido más elaborado, lo que se encuentra encima de lo establecido y que persiste o pervive en la mente de las personas como un elemento sobre añadido. La superstición tiene así características religiosas que permiten a la gente religarse, unirse en una esperanza, y elementos sobrenaturales, incluso fantásticos, que permiten que la esperanza tenga un carácter trascendente, incluso, como nos lo muestra el libro de José Gil Olmos, mesiánico y redentorista.

Estas supersticiones, que en el pasado no eran condenadas ni vistas de manera negativa, aparecen y continúan apareciendo no sólo en todas las grandes tradiciones religiosas, sino en los héroes que forman parte del santoral laico del Estado. La propia Iglesia, a pesar de la condena que hace de muchos de los cultos que el libro de Gil Olmos nos relata, está llena de ellas. Pensemos simplemente en muchos de los Evangelios apócrifos que —antes de que se constituyera el canon del

Nuevo Testamento en el siglo IV, que los redujo a cuatro, eran parte de la nueva fe— están llenos de elementos fantásticos o en la larga tradición hagiografía, de la que dan testimonio los comics de las *Historias ejemplares* que circularon en los puestos de periódico de los años sesenta, en donde las vidas de los santos son una mezcla de hechos tan heroicos como irreales. Recuerdo en este sentido la historia de una pequeña cuya santidad era tal que, según su biógrafo, de recién nacida se negaba los sábados a ser amamantada porque ese día la tradición lo consagró a la Virgen. El Estado laico, en sus versiones liberal, fascista o comunista, está también lleno de héroes que, como copia de las hagiografías católicas, realizan actos de una heroicidad sentimentalmente conmovedora. Quién no recuerda, para hablar de nuestra historia patria, la losa con la que la que Juan José de los Reyes Martínez Amaro, El Pípila, cargó sus espaldas para eludir el fuego enemigo e incendiar la Alhóndiga de Granaditas al lado de las huestes de Hidalgo o a Juan Escutia —del que en realidad lo único que se sabe es que murió en la defensa del Castillo de Chapultepec durante la intervención estadounidense— envolviéndose en la bandera de México y lanzándose al precipicio para evitar que el símbolo de la nación cayera en manos enemigas.

Estas leyendas populares, que nadie puede detener y que forman parte de procesos ideológicos de control político o de las aspiraciones redentoristas de un pueblo humillado y sin directrices, han vuelto a renacer en medio de un México roto y devastado por la violencia del crimen organizado y del Estado.

Los que el libro de José Gil recoge pertenecen, con excepción de san Judas Tadeo y san Toribio, reconocidos por la propia Iglesia católica, a esta última categoría. Van de santos y cultos que nacieron en los periodos de la Revolución mexicana y de la guerra cristera, como el de Teresa Urrea, la Santa de Cabora, o Fidencio, el Santo Niño Sanador, hasta los que en medio de la guerra contra el narco tienen una filiación tan imprecisa como aterradora, como el de la Santa Muerte, el de Malverde o el de Nazario, de quien Gil Olmos nos habló ya en su libro *Batallas de Michoacán* (*Proceso*, 2015). Nos habla de otros cultos más que vienen directamente de los héroes revolucionarios que nacieron del pueblo mismo, como Benito Juárez, Emiliano Zapata y Pancho Villa, asociados en la religiosidad popular con el maíz, alimento fundamental de la cultura mexicana, la justicia y las causas sociales. Todas esas historias, que, como toda superstición, se sobreponen a la realidad establecida, están llenas de verdad histórica, sincretismo religioso y político, fantasía sobrenatural y sueños mesiánicos de una vida donde la igualdad y la justicia reinen.

Mucho habría que hablar desde la perspectiva antropológica de la construcción de estas figuras y estos cultos que atraviesan no sólo la historia de nuestro país, sino la del mundo entero. Sobre ellos, antropólogos e historiadores como René Girard, Norman Cohn, para el mundo europeo, y Elio Masferrer, en México, se han inclinado para desentrañarlos. Para José Gil Olmos, que los mira y los relata con la mirada del periodista, esos santos y sus cultos son formas que el pueblo genera en sus crisis religiosas y políticas más duras para sobrevivir en un "mar de incertidumbres", santos y cultos populares que surgen y se reproducen "aglutinando a millones de mexicanos que buscan alivio, refugio, auxilio ante el desamparo, la injusticia, el infortunio, las penurias y miserias", formas religiosas de la rebelión y la esperanza.

Para mí, que hundo mis raíces en el minimalismo de la mística, *Santos populares* de José Gil Olmos me hablan de esos momentos de profunda crisis civilizatoria en que la humanidad frisa el final de los tiempos y entra en un grave estado de anomia y de destrucción que me hace temblar y, a diferencia de la esperanza popular que estos cultos avivan en sus seguidores, agotan la mía en la historia y en el hombre.

Sea lo que sea, las historias que José Gil Olmos nos narra en este libro son tan fascinantes como reveladoras de estos tiempos oscuros, atroces y miserables.

JAVIER SICILIA
Barranca de Acapantzingo, 2 de octubre de 2016

Breve introducción

Desde finales del siglo XX, México está sumido en una de sus peores crisis, en particular en lo referente a la violencia e inseguridad. El crimen organizado ha logrado entronizarse y ahora es el grupo más poderoso, capaz de controlar buena parte del territorio nacional; se ha erigido en un nuevo tipo de gobierno que ejerce su fuerza y control absolutos a través del terror.

Actualmente, el mapa mexicano se encuentra dividido en zonas que los grupos delictivos se disputan de una manera salvaje e inmisericorde, sometiendo a la población a una vida llena de zozobra, incertidumbre e inseguridad, pues las instituciones de gobierno han sido rebasadas e incluso muchas veces terminan fundiéndose con las organizaciones criminales.

Convertidos en corresponsales de guerra, los periodistas mexicanos hemos cubierto esta problemática al contar la historia de cada una de estas organizaciones, la de sus jefes y sus familias, sus peleas y el surgimiento de sus emporios que trascienden fronteras.

Las imágenes de batallas sangrientas en las calles de pueblos, comunidades y ciudades, en las montañas, cerros y playas, han sido registradas en las páginas de todos los periódicos

y revistas, a veces con cierto morbo. Los noticieros de las televisoras y estaciones de radio comenzaron a reportar cada hora
las bajas que ya alcanzan más de 150 mil muertos desde el
2006, cuando el presidente Felipe Calderón lanzó de manera
irresponsable la declaración de guerra contra el narcotráfico.

A la par, la prensa ha registrado los escándalos de corrupción entre autoridades y políticos de todas las corrientes
ideológicas y los casos de impunidad, pues muchos de estos
personajes de la vida pública —jefes de las policías, militares,
presidentes municipales, gobernadores, legisladores, empresarios, banqueros, inversionistas, etcétera— fueron cooptados
por los delincuentes.

Paralelamente, se han documentado las ejecuciones dia-
rias de gente inocente —que el presidente Felipe Calderón
llamó impúdicamente "bajas colaterales"— y las desapariciones de miles de personas de todas las edades que se convirtieron en rehenes de un negocio sumamente próspero: las
extorsiones y los secuestros. Muchas de estas personas fueron
llevadas a los campos de siembra y cultivo de mariguana y
amapola, se convirtieron en los nuevos esclavos del siglo.

Más tarde se descubrieron en diversas partes del país
cientos de fosas clandestinas —como las de San Fernando, en
Tamaulipas; La Barca, en Jalisco, o Tlalmanalco, en el Estado
de México—, con miles de cuerpos torturados y mutilados,
así como tambos con ácido empleados para deshacer cadáveres —como el caso protagonizado por Santiago Meza López,
mejor conocido como el Pozolero, que disolvió más de tres-
cientos cuerpos.

También fuimos testigos del surgimiento de movimientos
de los familiares de las víctimas de asesinados y desaparecidos

que no han alcanzado a ser actores del cambio, al menos no en el nivel deseado, a pesar del papel protagónico que han tenido. Algunos reporteros se dedicaron a la loable tarea de traducir en historias de vidas los números de "bajas colaterales", dándoles un rostro a las estadísticas fatales.

Dentro de este panorama han cobrado notoriedad otros fenómenos sociales importantes que nos retratan la forma en que miles de mexicanos enfrentan los tiempos. Se trata de la necesidad colectiva por asirse de algo, en medio de la tormenta o de la oscura noche que no acaba. Hablamos del renacimiento de los santos populares.

Este libro cuenta su historia, retrata estas figuras sacralizadas a los que todos los días rezan los millones de desamparados que buscan en su regazo una esperanza y un refugio. Se trata de recuperar de la memoria colectiva la historia de hombres y mujeres que en el último siglo fueron santificados, no por una jerarquía eclesiástica, sino por obra y gracia de la fe popular. Asimismo, se presentan las historias de algunas de las corrientes religiosas más importantes, que surgieron desde principios del siglo XX y que, a cien años de creadas, siguen vigentes, aglutinando a millones de mexicanos que buscan alivio, refugio, auxilio ante el desamparo, la injusticia, el infortunio, las penurias y miserias. En la mayoría de los casos han recibido condenas de la jerarquía católica, pero los creyentes han sabido cómo conciliarlas. Acaso porque estos cultos brindan respuestas ahí donde los credos oficiales permanecen en silencio.

Tiempo de santos

Desde los años de la Revolución, cuando el país se hundió en una severa crisis, no habían aparecido tantos santos populares como ahora los vemos reflejados en decenas de imágenes, efigies o fotografías en altares y capillas construidas en las calles o en algún lugar especial dentro de la casas de millones de familias.

Santos populares, santos profanos, santos extraoficiales, santos bandidos o santos del pueblo son algunas de las denominaciones que se les han dado a esos personajes que, en su mayor parte, tuvieron una vida de martirio y manifestaron dones de sanación y protección para los sectores más golpeados de la sociedad.

A finales del siglo xix y principios del xx, esto es, durante la etapa que va de los últimos años del porfiriato al final de la Revolución, surgieron algunos de estos personajes. Entre ellos podemos mencionar a la Niña Santa de Cabora, el Niño Fidencio, Juan Soldado y Juan del Jarro. Tiempo después se han sumado otros, como Jesús Malverde, Emiliano Zapata, Francisco Villa, Benito Juárez, la Santa Muerte, san Nazario, san Toribio, la Virgen Zapatista, así como la Virgen y el Santo Niño de la APPO.

Estos santos están presentes principalmente entre campesinos y obreros pobres, entre los desempleados y enfermos sin asistencia social, entre los jóvenes sin futuro o entre las amas de casa que luchan por mantener a sus hijos; aunque también entre aquellos que no han tenido otra opción que el camino de la ilegalidad frente a la imposibilidad de subsistir de otra manera. Por ello, algunos de los sectores más conservadores

los califican como protectores de maleantes, narcos, secuestradores, violadores o delincuentes en general.

El proceso que describe cómo la gente enriquece la existencia de estos personajes y los representa a partir de su fe resulta apasionante. A la Santa Muerte, por ejemplo, la visten de
novia, futbolista o de charro; a Jesús Malverde lo visten con la
camiseta de la selección nacional de futbol y la foto del Chapo
en el pecho; a Emiliano Zapata le ponen querubines con bi-
gotes y sombrero orando para que ayude en las causas justas;
a Pancho Villa lo estampan en el vaso de una veladora que encienden para rogarle amparo; a Benito Juárez le rezan en un
estandarte pidiendo su protección mientras desgranan una
mazorca de maíz; los zapatistas le cubren el rostro a la Virgen
de Guadalupe con un pasamontañas; mientras que a la Virgen de la APPO sus fieles le pusieron una máscara antigas y al
Santo Niño de la APPO una playera de los Pumas, el equipo de
futbol, y un casco para protegerse de los golpes de los policías.

Frente a esta gama de santos populares y nuevas religiones no hay necesidad de intermediarios. Se puede hablar
directamente con estos personajes y pedirles lo que el Estado mexicano debería de proporcionar como una obligación:
seguridad, justicia, equidad, educación, salud, vivienda, trabajo y bienestar social.

El resurgimiento de este fenómeno religioso en todo el
país no es casual sino causal. De alguna forma, el Estado mexicano debería de darles las gracias a todos ellos porque se han
convertido en catalizadores de la creciente inconformidad social que, en lugar de encaminarse, hacia la rebelión ha dirigido
sus pasos hacia las capillas.

La crisis, la madre de todos los santos

Desde la Guerra Cristera de 1926-1929, México no vivía una
tragedia tan grande en violencia y muertes. Según el historiador Jean Meyer, durante esos años de conflicto religioso
murieron alrededor de 150 mil mexicanos, cifra que hoy ya
es rebasada por la guerra contra el narcotráfico declarada por
Felipe Calderón en el 2006 y que continúa Enrique Peña Nieto, con las mismas consecuencias fatales.

Además, en las últimas tres décadas el número de mexicanos pobres pasó de 20 a 53 millones, la inflación creció más de
300%, el desempleo alcanzo a más de 40 millones de adultos
que sobreviven en la economía informal y existen millones de
familias que no encuentran una respuesta satisfactoria a sus
males en las instituciones de salud como el Instituto Mexicano del Seguro Social (IMSS) y el Instituto de Seguridad y
Servicios Sociales de los Trabajadores del Estado (ISSSTE), que
han sido abandonados por el gobierno neoliberal desde 1988.

De acuerdo con los números de las instancias oficiales y
bancarias, a partir de 1976 el país ha sufrido seis crisis económicas severas con sus respectivos impactos sociales, principalmente en las clases medias y bajas. Las más profundas se
dieron a partir de 1982, en el sexenio de José López Portillo,
y alcanzaron su máximo tope en 1996, con el famoso "error
de diciembre" que compartieron Carlos Salinas y Ernesto
Zedillo. Este crack financiero generó casi 70% de pobreza
patrimonial de las familias, 49% de pobreza en capacidades y
39% de pobreza alimentaria en todo el país.

Manuel Aguirre Botello presenta con claridad las etapas
más severas y sus efectos sociales. Para ello se basa en los datos

de la Encuesta Nacional de Ingresos y Gastos de los Hogares del Instituto Nacional de Estadística y Geografía (INEGI), cuyos resultados se hicieron públicos el 16 de julio de 2013, así como en mediciones de la pobreza realizados desde el sexenio de Salinas de Gortari, cuando empieza funcionar el Consejo Nacional de Evaluación de la Política de Desarrollo Social (Coneval).

Es en verdad impactante observar como de 1994 a 1996 el porcentaje de pobreza patrimonial creció del 52.4 al 69% de la población total, con una pendiente de casi 45 grados en tan sólo dos años —afirma el investigador—. El significado en palabras llanas es que un gran número de personas perdió su patrimonio en virtud de que las elevadas tasas de interés impidieron el pago de la deuda y perdieron sus casas y sus automóviles. No es una cifra despreciable y representa un total de 16 millones 922 mil 195 personas que perdieron su patrimonio en dos años. De igual manera refleja la pérdida de capacidad adquisitiva para cubrir vestido, salud, educación y esparcimiento y en este caso la cresta tiene una pendiente similar y aumentó de 30.0% en 1994 a 46.9% en 1996 hablamos ahora de de aquellos que no tenían patrimonio que perder, pero sí vieron seriamente menguados sus ingresos y representaron un total de 16 millones 536 mil 86 personas.

Mas no fue todo, un número similar de habitantes de este país perdieron su capacidad de compra de lo más indispensable, la canasta básica, y pasaron a formar parte del estrato denominado en pobreza alimentaria, que en palabras llanas significa que no cubrían sus necesidades alimenticias. En este caso pasamos del ya considerado alto 21.2% en 1994

al 37.4% en 1996, representando un aumento en la pobreza
alimentaria de 15 millones 636 mil 246 nuevos pobres en tan
sólo dos años. Ése fue el trágico desenlace de la conocida
crisis del error de diciembre en el periodo Salinas-Zedillo.[1]

Esta crisis, conocida a nivel internacional como el "efecto
Tequila", fue la primera que impactó en los mercados inter-
nacionales. Después de este momento, tanto Zedillo como
Vicente Fox lograron bajar los índices de pobreza. El Banco
Mundial consideró 2006 como el mejor momento dentro del
periodo de mediciones conocidos.

En 2008, durante el sexenio de Felipe Calderón, una nueva crisis golpeó la economía nacional con el crack financiero
de los Estados Unidos cuyos efectos globales aún perduran.

De acuerdo con el análisis comparativo de las crisis económicas realizado por Botello, el incremento de pobreza
patrimonial fue de 47.7% en 2008 a 52.3% en 2012, es decir,
9 millones 56 mil 716 personas se vieron afectadas durante
ese periodo. En los índices de pobreza de capacidades se pasó
de 25.3% a 28%, lo que refleja un incremento equivalente
a 5 millones 114 mil 52 personas afectadas. En tanto que de la
pobreza alimentaria creció de 18.4% a 19.7%, equivalente
a un total de 2 millones 874 mil 390 personas.

Esta última cifra —abunda el propio Botello— refleja el
apoyo fundamental que las clases más desprotegidas han recibido mediante programas sociales en los últimos años. Evidentemente, no hay punto de comparación entre la crisis del

---

[1] Manuel Aguirre Botello, "Las crisis económicas en México 1929-2012",
www.mexicomaxico.org

error de diciembre y la crisis mundial importada de los Estados Unidos y Europa. Resulta de mucha importancia observar que la crisis 1994-1996 afectó casi en el mismo grado a los tres estratos de pobreza evaluados, mientras que en la crisis actual, los más afectados han sido los que más tienen y perdieron todo o parte de su patrimonio, mientras que el incremento de quienes padecen de carencia para completar su alimentación fue mucho menor. Las pendientes de las curvas en 2008-2012 lo dicen todo: son menos pronunciadas. Y la de pobreza alimentaria creció solamente 1.3% en el mismo periodo. Después de todo, es lo mejor que pudo suceder.

A esta crisis habría que agregar otros factores que impactaron en los niveles de confianza y credibilidad social en las instituciones de gobierno, legislativas y judiciales, así como en las educativas y, sobre todo, en las eclesiásticas, principalmente las católicas.

Mencionaremos algunas de las que considero más importantes por su efecto negativo de la percepción social.

A raíz de la crisis de 1995-1996 la banca privada comenzó a cobrar intereses sobre intereses a sus deudores. A pesar de que la usura o el anatocismo está prohibido por la Constitución, la Suprema Corte de Justicia de la Nación (SCJN) rechazó los miles de amparos que interpusieron las familias afectadas en contra de la voracidad de los bancos. Abandonó a la población más afectada, aduciendo que era un conflicto mercantil entre particulares; de esta forma golpeó la credibilidad social que había en la máxima instancia de justicia. Fue hasta 2011, al aceptar los tratados internacionales en materia de derechos humanos, cuando se modificó el artículo primero de la Constitución, con lo que adoptó un perfil predominante *pro*

homine o a favor de las personas, prohibiendo nuevamente
la usura.

No obstante, el daño social ya estaba hecho y se ahondó
cuando en el Congreso de la Unión los diputados y senadores
decidieron rescatar de la crisis financiera a los bancos antes
que a los ciudadanos, lo que impactó negativamente en su ya
de por sí criticada figura de representantes populares.

Los partidos políticos aprobaron la aplicación del Fondo Bancario de Protección a Ahorro (Fobaproa) que consistió en absorber las deudas ante los bancos, estimadas en 552
mil millones de pesos para capitalizar el sistema financiero
y, supuestamente, garantizar el dinero de los ahorradores.
La cartera vencida se canjeó por pagarés ante el Banco de
México y equivalía, en ese entonces, a 40% del producto
interno bruto (PIB) de 1997, a las dos terceras partes del Presupuesto de Egresos para 1998 y el doble de la deuda pública interna.

En enero de 1995 el gobierno de Zedillo creó el Programa
de Capitalización Temporal y propuso a los deudores de la
banca reestructurar sus deudas por medio de unidades de
inversión (UDI's). Sin embargo, muchas empresas no pudieron
pagar sus deudas, y para reestructurarlas se creó en 1996 la
Unidad Coordinadora para el Acuerdo Bancario Empresarial
(Ucabe), que funcionó con recursos fiscales a instancias de la
Secretaría de Hacienda y Crédito Público (SHCP). Éste sirvió
de aval para el rescate bancario y benefició a 54 empresas con
un monto de 9 mil 700 millones de dólares.

Fue así que el erario público, el dinero de la gente, sirvió para cubrir la enorme deuda bancaria generada por los
mismos inversionistas que, ante el advenimiento del crack

financiero, decidieron sacar del país miles de millones de dólares para depositarlos en los bancos extranjeros.

Mientras la deuda privada fue respaldada con dinero público, el gobierno nunca apoyó a la gente para salir del agujero financiero; al contrario, aumentaron los impuestos, se congelaron los salarios mínimos, se redujo el presupuesto en programas sociales, educativos y de salud. En una palabra, se dejó al garete a miles de familias, lo que generó suicidios, enfermedades, desahucios, casas, autos abandonados y más deudas.

Para fines de nuestro libro, podemos destacar que precisamente en los años del crack financiero la antropóloga Katia Perdigón Castañeda detectó el crecimiento de uno de los cultos populares más importantes de México en medio siglo, el de la Santa Muerte. La devoción comenzó en los sectores más marginados y pasó a la clase pobre y media mexicana que empezó a comprar las estampas y figuras del esqueleto vestido con un sayal y una guadaña en la mano, para pedirle "favores" que en realidad son derechos incumplidos por el Estado mexicano: seguridad y bienestar social.[2]

Otro elemento que ha impactado en la sociedad mexicana ha sido el papel educativo de las empresas televisivas. Durante décadas, Televisa ha sido el principal instrumento educador para millones de mexicanos; a través de sus canales ha impartido valores individuales, de competencia, violencia, clasismo, racismo, apatía social, así como de información parcial y oficial que no refleja la realidad.

---

[2] Katia J. Perdigón Castañeda, *La Santa Muerte. Protectora de los hombres*, México, INAH, 2008, p. 86.

Esta empresa impuso un modelo de televisión que fue replicada por otras, como TV Azteca, de Ricardo Salinas Pliego, que apostó también a las telenovelas y los noticieros para hacer eco del discurso oficial como principal eje del negocio.

El impacto que han tenido las televisoras privadas ha permeado en generaciones de mexicanos pasivos, conformes y apáticos, propiciando una sociedad desarticulada a la que no le interesa participar en los procesos de cambio.

Emilio Azcárraga Milmo resumió en frases el papel de Televisa: "Somos soldados del PRI y del presidente", "México es un país de una clase modesta muy jodida, que no va a salir de jodida. Para la televisión es una obligación llevar diversión a esa gente y sacarla de su triste realidad y de su futuro difícil". Su hijo Emilio Azcárraga Jean, heredero del emporio, también fijó en frases la posición de la empresa convertida en grupo de poder ante una nueva situación con la alternancia política en el país: "La democracia es el mejor negocio". Como prueba de ello, Televisa diseñó la campaña con la que ganó la presidencia Enrique Peña Nieto en 2012, el primer "telepresidente" de México.

Quizá el hecho más fuerte y trascendente en esta crisis ha sido la implantación del modelo económico neoliberal, con la privatización de todas aquellas funciones y responsabilidades que eran exclusivas del Estado, como la asistencia médica, la educación pública, los servicios de agua, luz, caminos y transporte y la explotación de riquezas naturales con fines sociales. Cada unas de estas responsabilidades y atribuciones se fueron dejando en manos de empresas nacionales y extranjeras que sustituyeron los intereses sociales por sus propias ganancias.

Sus consecuencias han sido brutales, lo mismo que las de la corrupción que, parafraseando una expresión del ex presidente Miguel de la Madrid, ha sido el aceite que permite operar la gran maquinaria política mexicana y, al mismo tiempo, el caldo de cultivo de lo que hoy denominamos crimen institucionalizado.

Hacia 2014, la corrupción costaba al país aproximadamente 341 mil millones de pesos al año. El observatorio económico México "¿Cómo Vamos?" presentó el Semáforo Económico Nacional 2014. De acuerdo con sus datos, la corrupción aumentó 10% en sólo un año, lo que generó una pérdida de 2% en el crecimiento del PIB.

Sin embargo, otros cálculos colocan la corrupción en niveles más altos. En un artículo de la revista *Forbes* se señala que, si se toman en cuenta las estimaciones del Banco Mundial (BM), la corrupción le cuesta a México 9% del PIB. Si se prefieren las estimaciones del Centro de Estudios Económicos del Sector Privado (CEESP), la cifra alcanza 20% del PIB. En otras palabras, la quinta parte de lo que producimos se va en corruptelas.

A este panorama habría que agregarle otro elemento más, que ha tenido un efecto muy importante: el escándalo de pederastia y corrupción entre miembros importantes de la Iglesia católica.

El 14 de abril de 1997, el reportero Salvador Guerrero Chiprés publicó en el periódico *La Jornada* la noticia de que el fundador de los Legionarios de Cristo, Marcial Maciel, era acusado de pederastia. Una revelación que con los años sería trascendente en todo el mundo pues hasta la actualidad siguen denunciándose cientos y hasta miles de casos de abuso sexual a menores por parte de miembros de la jerarquía católica.

Este caso golpeó de manera contundente a toda la feligresía que de por sí ya no miraba de la misma manera a los sacerdotes en sus pueblos y comunidades, menos a los jerarcas vinculados con los poderes políticos, económicos y hasta del narcotráfico. El Vaticano, encabezado por el papa Juan Pablo II, apoyó a los Legionarios de Cristo, lo cual ahondó aún más la crisis de confianza.

Elio Masferrer Kan, el antropólogo de las religiones, asegura que la Iglesia católica atraviesa por una severa crisis que no tiene comparación en los últimos 400 años. El nuncio apostólico en México, Christopher Pierre, admitió esta situación al decir:

> Si hay momentos de crisis, hay personas que dejan la Iglesia; hay personas que piensan ahora que pertenecer a la Iglesia o practicar su fe dentro de la Iglesia católica no le corresponde, eso ciertamente son momentos difíciles para la Iglesia.

En una entrevista publicada en el portal noticiacristiana.com, Masferrer Kan, el presidente de la Asociación Latinoamericana para el Estudio de las Religiones (ALER), advirtió que "la mitad de mexicanos que se declaran católicos ya no les interesa socializar con la Iglesia; la gente cada vez se bautiza menos y se casa menos por la Iglesia". Citó que en el 2005 se registraron alrededor de 2.5 millones de nacimientos y hubo un millón 250 mil primeras comuniones, "prácticamente la mitad de los que nacieron se vincularon con la Iglesia, la otra mitad no".

El catedrático e investigador de la Escuela Nacional de Antropología e Historia (ENAH), Masferrer Kan señala que en el mismo tenor de retroceso están los bautizos, pues sólo 74.5% de los nacidos en México recibe ese sacramento. De acuerdo con el anuario estadístico del Vaticano —el último dato disponible—, en todo el mundo se registraron 16 millones 900 nueve mil bautizos, y en el año anterior hubo 17 millones 23 mil.

Señala el también investigador de la Universidad Nacional Autónoma de México (UNAM) Masferrer Kan que, de acuerdo con encuestas del propio Vaticano, en México hay un sacerdote por cada 6 mil 500 feligreses, en tanto que la media mundial es un sacerdote por cada 2 mil 50 fieles. Y que mientras 80% de los mexicanos se declara católico, datos del Instituto Nacional de la Juventud establecen que de los jóvenes de 25 a 29 años sólo 40.9% se declara practicante del catolicismo. Eso quiere decir que "el 59% o es católico no practicante o es evangélico o ateo".

Por otra parte, añade que si se comparan los datos de los casamientos religiosos con los civiles (durante 2005), sólo 53% contrajo un matrimonio religioso.

En abril de 2010 la empresa Parametría publicó la encuesta *La crisis de la Iglesia católica*. En ella indica que los casos de abuso infantil cometidos por sacerdotes, así como las declaraciones de algunos de sus jerarcas sobre diversos temas políticos y sociales han minado la confianza de los mexicanos. De acuerdo con la más reciente Encuesta Nacional en Vivienda de Parametría,

la Iglesia católica se encuentra en su punto más bajo de confianza desde 2002, cuando iniciaron las mediciones. Actualmente,

67% de la población confía en la institución eclesiástica, pero si se compara este dato con los registros obtenidos durante los primeros seis años del siglo XXI —cuando 80% de los mexicanos confiaba en la Iglesia católica—, se aprecia una caída de 13 puntos porcentuales en la confianza de la Iglesia.[3]

Añade la encuestadora que la opinión pública es cada vez más sensible al tema. Mientras que en julio de 2002 sólo seis de cada 10 personas se enteraron de los abusos sexuales, para 2010 ya eran ocho de cada 10.

Otro de los datos más reveladores es la manera en que la sociedad mexicana cambió su percepción sobre estos eventos: en el año 2002, 48% de la población consideraba el abuso sexual infantil cometido por los sacerdotes católicos como casos aislados, pero en 2010, sólo 24% de la gente compartió esta idea. Es decir, la mayoría de los mexicanos percibe los abusos sexuales como un patrón de conducta de los ministros religiosos.

Este conflicto ha tenido una profunda repercusión en los mexicanos si tomamos en cuenta que la mayor parte de la población profesa la fe católica cristiana.

En la Iglesia católica se resisten a nombrar nuevos santos. Hay una lista de 400 personas que están esperando el trámite de la santificación, la mitad de ellos son beatos. En esta lista no hay ningún santo popular.[4]

---

[3] Parametría, "La crisis de la Iglesia católica", abril, 2010.

[4] Kristín Gudrún Jónsdóttir, *Bandoleros santificados. Las devociones a Jesús Malverde y Pancho Villa*, México, El Colegio de San Luis Potosí, 2014.

Durante los primeros diez siglos de la Iglesia católica, el reconocimiento de los santos era informal y popular. Hubo muchos que fueron canonizados por aclamación de la gente y el control de la santidad estaba en manos de obispos y sínodos locales. En 1170 el papa Alejandro III decretó que sólo con la autorización pontificia se podía canonizar, pero fue hasta 1634, con el papa Urbano VIII, que esta exigencia fue reconocida por los obispos.

Juan Pablo II fue el papa que más santos canonizó en la historia: 482 desde que empezó su pontificado en 1978 hasta que murió en 2005; además proclamó mil 341 beatos. La Congregación para la Causa de los Santos, con el último consentimiento del papa, designa las tres categorías que llevan a la santidad oficial: venerable, beato y santo.

El proceso para llegar a la canonización parece un largo camino burocrático en el que se tiene que llenar cierta cantidad de requisitos llamados milagros. Los santos populares se saltan toda esta burocracia religiosa y, como en sus antiguos tiempos, son venerados según las necesidades de la gente.

Parafraseando al filósofo Zygmunt Bauman, los tiempos de solidez de las instituciones se acabaron; hoy vivimos tiempos líquidos en los que todas y cada una de estas instituciones sociales, políticas, de justicia y religiosas se nos diluyen en las manos y se van por las cañerías.

Y quizá no sea erróneo decir que en muchas ocasiones sólo por el milagro de la fe representada en esta legión de santos populares es que millones de mexicanos sobrevivimos flotando en un mar de incertidumbre.

Teresa Urrea

•

TERESITA URREA,
(LA SANTA DE CABORA)
á quien se atribuye por los periódicos gobiernistas una participacion directa en los
sucesos de Temóchic.

Teresa Urrea, la Santa Niña de Cabora

En vísperas de la Revolución, a sus escasos 12 o 14 años, Teresa Urrea era conocida por milagrosa. Los campesinos y los indios marginados peregrinaban hasta al rancho de su padre en el pueblo de Cabora, Sonora, en busca de un alivio a sus pesares físicos y espirituales.

Hacia 1890, en Chihuahua, Sonora y Sinaloa ya se hablaba de Teresa Urrea como la Santa Niña de Cabora, de quien se decía que emanaba un aroma a rosas. Mitigaba el dolor con sus manos, que colocaba sobre el cuerpo enfermo junto con una mezcla de hierbas, tierra, saliva y, en ocasiones, gotas de su propia sangre; la piel llagada por las infecciones, los huesos rotos y otros dolores eran sanados por ella mientras vertía lágrimas que sus devotos se esmeraban en atrapar.

Hija natural de Cayetana Chávez y Tomás Urrea, Teresa nació el 15 de octubre de 1873, en el pueblo de Ocoroni, Sinaloa, bajo el nombre de Gracia Nona María Rebeca Chávez. En un principio sólo contaba con el apellido de su madre, una joven sirvienta de apenas 14 años, perteneciente a la etnia tehueca. Vivía con ella y una tía suya en una ranchería de Aquihuiquichi, Sonora, hasta que en 1888 quedó huérfana y la llevaron con su padre, un hacendado que tenía vínculos con la clase política de la región, quien la reconoció y le dio su apellido. De carácter férreo, liberal y anticlerical, él había sido expulsado de Sinaloa por oponerse al gobierno de Porfirio Díaz, así que buscó refugio en Cabora, donde confluyen las cuencas de los ríos Yaqui y Mayo.

Teresa no mostró ninguna de sus dotes sobrenaturales de inmediato. Por el contrario, en aquellos momentos sufría ataques epilépticos que la dejaban postrada. Estaba al cuidado de la curandera del pueblo, una mujer conocida como La Huila, quien descubrió sus dones.

De acuerdo con la escritora Brianda Domecq,[1] Teresa entabló una amistad especial con esta mujer, que decidió introducirla en el misterioso mundo de la magia y las curaciones milagrosas, y quien la llevaba consigo a visitar a los enfermos.

En una ocasión, mientras la curandera atendía a una parturienta al borde de la muerte, Teresa cayó en un estado cataléptico y, poco después, se lanzó sobre la agonizante, gritándole que no podía dejar salir de su vientre a la criatura. Profirió algunas palabras incomprensibles, miró a la mujer con una fijeza sobrecogedora y, aunque la madre murió, Teresa logró salvar al niño.

Cuando salió del trance no recordaba nada y La Huila tuvo que narrarle lo ocurrido. Esos momentos de rapto fueron cada vez más frecuentes; incluso alguno se prolongó durante varios días —hay quien afirma que duró dos semanas— y fue

---

[1] Cfr. Domecq de Rodríguez, Brianda, "Teresa Urrea. La santa de Cabora", *Memoria del VII Simposio de Historia y Antropología*, México, Universidad de Sonora, 1982. pp. 214-251.

evidente que Teresa estaba muerta, pues mostraba la palidez y la rigidez propia de los cadáveres. Resignado, su padre reunió a la comunidad para que le dieran el último adiós y velaran por el alma de la joven.

Entre llantos y rezos, los testigos pasaron intempestivamente del temor intenso a la fe por presenciar un evento milagroso. La Santa Niña volvió en sí y se incorporó delante de los testigos. Desde entonces se le consideró como alguien iluminada por la gracia de la resurrección.

Historiadores mexicanos y norteamericanos —como la ya citada Brianda Domecq, Gillian E. Newell y Mario Gill— recogen testimonios de la época, que dan cuenta de cómo Teresa retornó a la vida con poderes de adivinación y la capacidad de abatir tumores e infecciones que nadie más podía tratar. Bastaba con que las personas acudieran a ella, que de antemano sabía qué males les aquejaban y les brindaba consuelo.

La fama de Teresa se extendió aún más cuando vaticinó la muerte de La Huila. Se intensificaron las visitas para verla, en especial entre los yaquis, que la tomarían después como estandarte en su lucha libertaria, un gesto que se repitió cuando fue convertida en una heroína revolucionaria y un icono precursor del movimiento chicano en Estados Unidos.

En su libro *Teresa Urrea, la santa de Cabora*,[2] Mario Gill afirma que fue una especie de Juana de Arco mexicana:

---

[2] Mario Gill, *Teresa Urrea. La santa de Cabora.* México, Brigada para Leer en Libertad, 2019, pp. 628-630. http://brigadaparaleerenlibertad. com/programas/teresa-urrea-la-santa-de-cabora/

Algo tenía Teresa de la Doncella de Orleáns; no empuñó jamás un arma ni se puso al frente de ningún ejército, pero la Doncella de Cabora supo inspirar en los hombres la fe y la confianza en la fuerza del derecho y lanzarlos a acciones heroicas de las que no hubieran sido capaces sin la inspiración de la iluminada. La Doncella de Cabora, como la de Domrémy, recibía inspiración divina y, como la francesa, fue declarada santa, aunque no por las altas dignidades de la Iglesia, sino por los indios. Y tan válida es en última instancia una declaración como la otra.

Tomás Urrea vivía desconcertado ante la presencia inoportuna de tantos desconocidos que peregrinaban para conocer a su hija, aunque no tenía reparos en venderles carne, leche y demás productos de su rancho. El propio Gill relata que la conversión del señor al "teresismo" no fue posible sin la mediación de un milagro.

> Un reportero de *El Monitor Republicano* que estuvo en Cabora cuenta que en una ocasión llegó entre los peregrinos un visitante con una calvicie muy avanzada y preguntó por Teresita Urrea, la Santa de Cabora…
>
> —¡Qué santa ni qué una chin…! —contestó el ranchero malhumorado, y luego, mirándose en el espejo de la calva del peregrino añadió—: Mi hija será santa el día que a usted le salga el pelo…
>
> Don Tomás se quedó pasmado —cuenta el reportero de *El Monitor* en su nota del 3 de enero de 1890— cuando vio al peregrino salir del despacho de la santa luciendo el esbozo de una abundante cabellera.

A partir de este momento, el rancho experimentó una época de auge. Se llegó a decir que las reses sacrificadas reaparecían milagrosamente al día siguiente. Pero ya no se trataba más de una apacible vida campestre. Puestos de lotería, albures, venta de fritangas y sitios que abastecían de bacanora y sotol hacían que el lugar, en el que se daban cita el misticismo y la exaltación pagana, se impregnara de una atmósfera de feria.

La actividad de Teresa no se reducía a la curación por imposición de manos; también comenzó una prédica libertaria. El testimonio del reportero de *El Monitor Republicano* recogido en el libro de Gill habla de que la santa afirmaba, por ejemplo, "que todos los actos del gobierno y del clero eran malos". Palabras que hallaron eco entre víctimas de un régimen que no les ofrecía esperanza alguna.

> Lo sobrenatural —continúa Gill— era su último refugio. Para aquellos indios perseguidos, despojados, deportados como esclavos a Yucatán o Valle Nacional, a quienes la tiranía porfirista había quitado todo, hasta el derecho a la vida, no había ninguna duda de que aquella muchacha devuelta a la vida por el cielo traía un mensaje divino: luchar por la libertad con apoyo en el Gran Poder de Dios.

El mito de Teresa cobraba fuerza y no se reducía a la localidad. Pronto llegó hasta Chihuahua, gracias a Antonio S. Cisneros, un peregrino que había encontrado alivio en las manos de la santa, quien bautizó una mina en el cerro de San Diego como La Santa de Cabora y se dedicó a difundir el teresismo en su localidad. Pronto se multiplicaron los peregrinos que cruzaban la sierra para ir en su búsqueda y regresar con noticias de Teresa de Urrea, a tal punto que sus milagros no dejaron de formar parte en la rebelión de Tomochic, Chihuahua. El descontento político y los brotes de inconformidad hallaban eco en las revelaciones santas y comunidades campesinas, que hablaban lo mismo de su liberación que de diluvios, sequías y otras calamidades.

A mediados de 1891, Lauro Castillo, el gobernador de Chihuahua, hizo un recorrido por la zona que divide su estado de Sinaloa. Pasó la noche en el pueblo de Tomochic, no sin antes visitar la iglesia y quedar fascinado por retablos en los que se representaba a san Joaquín y santa Ana. Pidió que recortaran las telas con las imágenes para enviarlas a su casa, lo que encendió los ánimos de los tomochitecos, campesinos mestizos de carácter aguerrido que viajaron hasta la ciudad de Chihuahua para protestar por la acción arbitraria. Su presión rindió frutos, porque recuperaron las pinturas para el templo.

En venganza, el gobernador declaró que Tomochic era un pueblo en rebeldía y mandó a las tropas federales para arrestar y secuestrar a algunos de sus pobladores, quienes se oponían a la explotación irracional de recursos minerales a manos de un terrateniente.

El 7 de septiembre de 1891 los tomochitecos, famosos por ser buenos tiradores, repelieron con fiereza a los federales, que resultaron vencidos tras la refriega. Durante todo un año el gobierno quiso someter a la "gente de razón", como se le conocía a la población mestiza de Tomochic, pero fracasó en cada uno de estos intentos. Tras los primeros enfrentamientos los tomochitecos tomaron la decisión de ir a visitar a santa Teresa para recibir consejos e inspiración. En el camino se enfrentaron una vez más al batallón 11 y lograron llegar a Cabora victoriosos.

Ahí la Santa Niña Teresa habló con Cruz Chávez, el líder del pueblo, y curó de un tumor a José Carranza, a quien le dijo: "Cómo se parece usted a san José". Estas palabras fueron suficientes para que los tomochitecos se convencieran de que tenían su propio santo.

Inspirados por los milagros de la Niña Teresa, de regreso los tomochitecos cargaron a José y lo llevaron hasta la iglesia para rendirle culto. El sacerdote local quiso reprenderlos injuriando en contra de José Carranza y Teresa Urrea, pero los tomochitecos consideraron que era un blasfemo y lo corrieron de la iglesia. En su lugar pusieron a Cruz Chávez, el líder de la comunidad.

A partir de entonces y durante casi un año, en el que no cesaron los enfrentamientos con las tropas federales, aparecieron nuevos santos en la región. Incluso apareció el mismísimo Jesucristo del pueblo de Chopeque y las santas Carmen María y Barbarita.

Al reseñar esta "epidemia de santos", Mario Gill afirma que el sincretismo de los tomochitecos, que pasaban hasta seis horas diaras en oraciones y jaculatorias, se inspiraba en el mestizaje espiritual de yaquis y mayos.

> Al terminar los oficios de la "fatiga" (nombre que daban a las ceremonias que celebraban en el templo), Cruz Chávez, de espaldas al altar, se preparaba para dar la bendición. Alzando el brazo poderoso, lo dejaba caer rígido, bruscamente, cortando el aire como con dos hachazos definitivos, a la vez que decía:

—Hermanos míos, os doy mi bendición.

Todos los fieles, de pie, alzando el brazo derecho a la altura de la frente, contestaban en coro:

—La recibimos.[3]

El 20 de octubre de 1892, un año después de que inició el alzamiento, Porfirio Díaz mandó un grupo de mil soldados a enfrentarse con los aguerridos habitantes de Tomochic.

De acuerdo con las versiones de los historiadores, la tradición de cazadores y su fiereza convirtieron a aproximadamente cien tomochitecos en un verdadero ejército capaz de resistir durante siete días los embates federales, que sufrieron la dramática y considerable disminución de sus efectivos.

El último día, cansados y hambrientos, los campesinos se refugiaron en la iglesia y en la casa del líder Cruz Chávez. Los militares mandaron decir que, a cambio de su rendición, serían perdonados, pero los tomochitecos rechazaron la tregua e izaron su bandera de guerra gritando el nombre de la Santa Niña Teresa. Entonces, el ejército arremetió con todas las armas, quemó la iglesia y la casa de Cruz Chávez. Al momento en que niños, mujeres y hombres salieron despavoridos, fueron asesinados.

Meses antes, el 15 de mayo de 1892, alrededor de 200 indios mayos también se habían sublevado gritando "¡Viva la Santa de Cabora!", "¡Viva la Libertad!" Encabezados por Juan Tebas y Miguel Torigoqui, los mayos tomaron la plaza de Navojoa, matando al jefe político Cipriano Rábago y a varios vecinos que los extorsionaban. Entre los rebeldes también

---

[3] Mario Gill, *op. cit.*, pp. 632-633.

habían surgido sus propios santos, que fueron apresados por el ejército y luego tirados al Mar de Cortés.

Estas dos rebeliones en las que se escuchó el nombre de Teresa Urrea bastaron para que Porfirio Díaz, presionado por la Iglesia católica, ordenara su destierro. Tomás Urrea y su hija fueron detenidos en la población de Cócorit, Sonora, para ser deportados a los Estados Unidos.

El destierro no cortó la cadena de milagros que Teresa de Cabora inició cuatro años antes. En Nogales, Arizona, siguió sanando a mexicanos y a mexicoamericanos que, a la postre, serían los abuelos de los chicanos que en los cincuenta y sesenta lucharon por los derechos civiles en Estados Unidos. Por esto algunos autores también la consideran como una santa del movimiento chicano.[4]

Teresa no instigó personalmente ninguna sedición en México. En ese momento su prédica era conciliadora. "La religión más en armonía con la verdad —decía— es practicar el bien, amar a nuestros semejantes y creer firmemente que sólo en la práctica del bien y del amor, está la verdadera adoración del Dios de los dioses." También afirmaba: "La mejor oración y el mejor culto que podemos dar a Dios es el amor al prójimo, acompañado por el sacrificio de nuestras pasiones, odios e intereses."

En cambio, en suelo norteamericano sí apoyó de forma abierta el movimiento revolucionario en contra de Porfirio Díaz. En Nogales, Arizona, ella y su padre conocieron al periodista Lauro Aguirre, quien desde el exilio publicaba un

---

[4] Gillian E. Newell, *Teresa Urrea: ¿una precursora chicana?*, Tucson, Universidad de Arizona, Departamento de Antropología, junio, 2002.

periódico llamado *El Independiente*. En estas páginas se lanzó una proclama en contra del gobierno porfirista en 1896.

Ese mismo año Teresa fue vinculada con otra rebelión en Sonora, cuando los indios yaquis asaltaron la aduana de Nogales con gritos de "¡Viva la Santa Cabora!". Este movimiento, no obstante, no prosperó.

En 1897 se registraron varios intentos de asesinato o secuestro en su contra por parte de agentes de Porfirio Díaz o del gobierno estadounidense. Los representantes del poder buscaban cómo neutralizar sus actividades subversivas y se esforzaron para que en, en lugar de ser vista como una santa, la gente creyera que se trataba de una bruja. En las páginas de los diarios *San Francisco Call*, *San Francisco Examiner* y *La Voz del Estado* la llamaban la Bruja de Nogales.

Por consejo de sus seguidores Teresa y su padre se trasladaron al pueblo minero de Clifton, Arizona, donde la Santa de Cabora regresó a su prédica y las curaciones. Ahí, en 1900, conoció a Guadalupe Rodríguez, un minero yaqui con quien se casó. Al parecer se trataba de un enviado del gobierno mexicano, pues un día después de la boda intentó convencerla de regresar a México; ante la negativa firme de la joven, intentó asesinarla.

Tras este episodio, Teresa se mudó a California, donde intentó alejarse de la actividad política y regresar a sus actividades ceremoniales. Una familia anglosajona le pidió que sanara a uno de ellos. La santa aceptó y John van Order, siete años menor que ella, fue designado como traductor. Pronto empezaron una relación y, en 1905, una vez conseguido el divorcio oficial de Guadalupe Rodríguez, se casaron. Tuvieron dos hijas.

Una empresa médica la contrató para hacer una gira por los Estados Unidos y curar a personas. Teresa tenía la ilusión de encontrar el origen de sus poderes y recorrer el mundo. Pero el proyecto fracasó: al salir del área de influencia mexicoestadounidense ya no tuvo seguidores. De Nueva York regresó a Los Ángeles y poco después a Clifton, Arizona, donde construyó un hospital para atender a los más necesitados. A México no regresó jamás.

El 11 de enero de 1906, a la edad de 32 años, la Santa Niña de Cabora murió de tuberculosis. Su fama no se apagó. El movimiento chicano recuperó su historia y la consideró como una de las primeras mujeres de origen mexicano en luchar por sus derechos en suelo norteamericano. Su origen pobre, de madre indígena, sus dotes de curandera y sus poderes de sanación milagrosa la convirtieron en una bandera para la lucha e hicieron posible que la memoria acerca de este personaje persista hasta nuestros días.

Fidencio

FIDENCIO S. CONSTANTINO
(EL NIÑO GUADALUPANO)

Fidencio, el Santo Niño Sanador

Niñito Fidencio, palomito blanco,
Rayito de luz del Espíritu Santo,
desde aquel momento que nos encontramos
como tú me amas, también yo te amo…

José Fidencio de Jesús Síntora Constatino, mejor conocido como El Niño Fidencio, es uno de los santos populares
que más perduran en la memoria colectiva. Nació el 13 de
noviembre de 1898 en el rancho del Valle de las Cuevas, en
Irámuco, Guanajuato. Sin embargo, pasó la etapa más crucial
de su vida en Espinazo, un poblado en las tierras yermas de
Nuevo León, casi en los límites de Castaños, Coahuila, a tan
sólo 120 kilómetros de Monterrey.

Con tan sólo diez años de edad, quedó huérfano. Tras
la muerte de sus padres, Socorro Constantino y María del
Tránsito Síntora, pasó al cuidado de sus cuatro hermanos
—Buenaventura, Socorro, Joaquín y Fulgencia—. Por aquel
tiempo mostró sus primeros dotes para la telepatía y a menudo ocasionaba problemas por adivinar el pensamiento de sus
compañeros de juegos, aunque sus atributos sobrenaturales
alcanzaron la plenitud sólo años más tarde.

También en esos días conoció a Enrique López de la Fuente, sobrino del sacerdote del pueblo. Trabó amistad con él y en 1912 viajaron juntos a Morelia, donde Fidencio entró a trabajar en una cocina. Pronto se separaron porque su amigo se enroló en la Revolución.

Se reencontraron hasta 1921, cuando Fidencio residía en Loma Sola, Coahuila. Enrique volvió a ponerse en contacto con él para que viajaran juntos a El Espinazo, donde lo esperaba un trabajo en la mina de San Rafael, propiedad de Antonio L. Rodríguez, según algunas fuentes, aunque otros testimonios afirman que fueron a la hacienda de don Teodoro von Wernich, quien al enterarse de que Enrique leía y escribía con fluidez lo contrató como administrador, mientras Fidencio se quedaba atendiendo los asuntos domésticos. Precisamente este empresario alemán sembró las primeras semillas de la fama de Fidencio, al publicar en periódicos de Monterrey su agradecido testimonio por haber sido sanado.

El pueblo no contaba con ningún tipo de asistencia médica. Y Fidencio comenzó a ejercer como partero, enfermero y curandero, atendiendo a gente que no tenía recursos y llegaba agobiada por las infecciones de la piel, los ojos o la cabeza, tumores y quistes, males del riñón o el hígado, ataques epilépticos e incluso demencia.

Al inicio se apoyó en la medicina tradicional, valiéndose de la herbolaria o cualquier cosa que tuviera a la mano. Luego, a los pacientes más graves empezó a imponerle las manos y rezaba con ellos, hasta que se sumían en trance y él podía operarlos de tumores y otras anomalías, con ayuda de una botella de vidrio rota, clavos u otros objetos punzocortantes, que siguió usando incluso luego de que le regalaron bisturís quirúrgicos.

Si se trataba de una enfermedad mental, les arrojaba naranjas, tomates e incluso se subía a los árboles para aventarles piedras en la cabeza. Aunque no usaba anestesia, nadie padecía dolores. Además, tenía otro método por el que fue sumamente reconocido. Sumergía a sus pacientes en agua lodosa, preparada previamente con hierbas medicinales, y al hacerlo el éxtasis se apoderaba de él, haciéndole sentir que levitaba.

A Fidencio le gustaba caminar con sandalias entre la tierra yerma y vestir de manera frugal, apenas con una modesta túnica, como el hijo de dios, con el que empezó a ser comparado no sólo por su austeridad, sino por sus rasgos físicos.

Desde niño tuvo una voz sumamente aguda, que nunca cambió. También se dice de él que, a pesar de ser alto, no se desarrolló del todo. Se le describe como un hombre eternamente lampiño, de 1.80 de estatura, piel blanca y ojos verdes, que no era propiamente adulto. Se afirma que nunca tuvo relaciones sexuales y guardaba un comportamiento infantil, de ahí su sobrenombre de Niño Fidencio. Algunos de estos rasgos le han granjeado un buen número de seguidores entre la comunidad gay, caso único entre el santoral popular.

A la par que crecía la fe entre la gente, las autoridades civiles y eclesiásticas miraban con recelo el culto. En 1930, el

Dr. Francisco Vela González, vicepresidente del Consejo de Salubridad del Estado de Nuevo León, y publicado en el diario *El Porvenir*, viajó de incógnito a Espinazo, con el propósito de cerciorarse de lo ocurrido en ese "campo del dolor". Armado de pistola en la cintura, cámara fotográfica y los ojos abiertos, se presentó en el campamento..." (Raúl Cepeda, http://www.rcadena.net/fidencio.htm)

La visión descrita es alucinante. Aproximadamente 1,500 enfermos, algunos incurables, atestaban el lugar. Uno de ellos estaba a punto de ser operado y aguardaba junto a varias decenas de frascos, en los que se exhibían tumores de otros pacientes; uno en específico era de tamaño considerable, pesaba medio kilogramo, a la sazón, y supuestamente fue extirpado de un pulmón. Se trataba en realidad de un lipoma grasoso, posiblemente ubicado en la espalda.

El doctor Vela pasó a un sitio similar a una palapa. Ahí el Niño Fidencio atendía los casos más generales, con su técnica de arrojar frutos; cuando los enfermos eran demasiados, simplemente lo hacía desde la azotea. En otra sala descansaban seis mujeres que habían dado a luz un día antes —atender parturientas era, al parecer, su actividad preferida.

Había un cuarto digno de mención, donde atendía a dementes, ciegos y mudos. Ahí tenía una jaula con una pantera, a la que previamente le habían limado las garras y quitado los dientes. Fidencio arrojaba en ella a sus pacientes, para que encontraran la sanación gracias al susto.

> En un rincón —afirma el texto de *El Porvenir*— estaba una pileta con algo que parecía agua con cal. Esta poción la recetaba Fidencio para casi todas las enfermedades. También pudo ver [el doctor] a una joven con acromegalia, que según ellos estaba muy aliviada, pues a pesar de tener la cara inmensa, cuando llegó, le llegaba hasta el estómago.

Ésta no fue la única visita de políticos hasta Espinazo. Al parecer el 8 de febrero de 1928 llegó hasta el lugar Plutarco Elías Calles, el presidente de la República, acompañado por

Aarón Sáenz, gobernador de Nuevo León, y el general Juan Andreu Almazán.

Supuestamente: "El presidente asistió en contra de la opinión de los médicos de la Secretaría de Salud de Monterrey, quienes le advirtieron de los graves riesgos de contagio que había en esa estación" (Raúl Cepeda, http://www.rcadena. net/fidencio.htm). Pero el héroe de la Revolución padecía un mal en la piel parecido a la sarna, que se agudizó en medio de las violentas campañas de la Cristiada, así que estaba decidido a buscar al Niño Fidencio.

Sin embargo, en la historia oficial no hay registros de esta visita. Según algunas versiones de los seguidores del santo, no existen fotografías del evento porque la guardia presidencial las prohibió. Cuentan, en cambio, que Elías Calles fue "recetado" con un brebaje de rosas y otros potajes.

Enrique López de la Fuente dio su testimonio recogido en una publicación de la época. Afirma que el único que supo, en aquel momento, lo que aquejaba al hombre más poderoso del país fue el propio santo.

> El Señor Presidente fue cubierto de miel con otras recetas del propio Niño sobre su cuerpo desnudo y solamente cubierto con una cobija. Que el Niño Fidencio trató al Presidente con las mismas atenciones que daba a los demás enfermos. El Presidente permaneció en un cuarto alrededor de 6 horas y preocupado el Sr. Enrique de que ya había pasado mucho tiempo decidió ir en busca de Fidencio. Finalmente lo encontró haciendo otras curaciones y le preguntó a qué hora iba a ir a atender al Sr. Presidente y con tranquilidad le respondió "¡Ah! ¡Se me olvidó!" regresando a donde el Presidente y

terminó de esta manera la curación. En respuesta a la curación y atenciones que le prodigó Fidencio, el Gral. Calles, le
envió por ferrocarril alimentos y medicamentos para cubrir
en parte las necesidades de la población.

En las cartas del presidente Plutarco Elías Calles, no se menciona la citada enfermedad. Sin embargo, en los archivos del
general, resguardados por el fideicomiso Plutarco Elías Calles
y Fernando Torre Blanca, ubicados en una casona de la colonia Condesa de la Ciudad de México, hay indicios de que la
visita pudo ser factible. Existen dos cartas —fechadas el 25
de enero de 1929 y el 7 de abril de 1930— en las que el Niño
Fidencio le solicita al presidente su ayuda para que las autoridades de salubridad no cierren su centro de sanación, bajo
el pretexto de que ahí se propagaban enfermedades y que él
ejercía la medicina sin licencia.

Aunque no se encontró una respuesta del general Elías
Calles, puede especularse que protegió al Niño Fidencio, pues
siguió curando a la gente hasta 1938, el año de su muerte.
Falleció a los cuarenta años, probablemente por agotamiento
extremo, pues sus jornadas de trabajo llegaban a prolongarse
hasta veintidós horas, con todo y que llegó a tener un equipo
a su alrededor, conocido como Iglesia católica fidencista, con
ayudantes para las curaciones, enfermeras y afanadoras para
labores cotidianas.

Antes de morir, el Niño dijo: "Ya me voy, pero volveré,
y nadie sabrá en quién". Estas palabras sibilinas despertaron
entre sus seguidores la creencia de que resucitaría al tercer
día, así que se negaron a enterrarlo. Y presenciaron el milagro
de que el espíritu de Fidencio hablara mediante una mujer,

como si ella fuera una "cajita" con poderes de curación. Esto die pie a una tradición que se mantiene hasta la actualidad, el culto fidencista, tanto en Espinazo como en otras regiones, principalmente Ciudad Juárez, Chihuahua.

En octubre de 1993, la Iglesia fidencista cristiana luchó para obtener su registro como asociación religiosa. Contaba con más de mil "cajitas", en las que encarnaba el Niño para seguir curando a los necesitados. La Secretaría de Gobernación (Segob) le negó el registro, lo que no desanimó a sus fieles. De acuerdo con los responsables de esta agrupación, hay más de 20 mil altares en distintas comunidades del país, en especial en el centro y el noreste.

En un reportaje publicado en el diario *La Jornada*, en 2005, el reportero David Carrizales entrevistó a Hugo Enrique, sobrino de Fidencio, quien afirma que el Niño Fidencio no era materialista pues sus servicios eran gratuitos. Sin embargo, Espinazo no sólo es un centro religioso, también cuenta con una nutrida actividad comercial. Se venden imágenes, estampas, camisetas, fotografías y llaveros con la imagen del Niño.

Cada 17 de octubre, cuando se festeja su nacimiento espiritual, llegan miles de peregrinos provenientes de las zonas del norte, el Bajío y del sur de Estados Unidos.

Fidencio fue sepultado en la casa en donde vivió. Enrique López de la Fuente, su amigo y proyector, a quien el Niño llamaba "papá", mandó a grabar el siguiente epitafio:

"Quise y admiré a Fidencio porque fue un gran hombre".

Juan del Jarro

●

Juan del Jarro, el adivino

Durante la primera mitad del siglo XIX, la ciudad de San Luis Potosí fue testigo de la existencia de un personaje singular: solitario, de unos treinta años, que solía caminar con un jarro amarrado a la cintura y un sombrero viejo y raído. Se trataba de Juan de Dios Asios Ramírez, mejor conocido como Juan del Jarro, quien ganó fama por predecir batallas, inundaciones, casamientos y muertes.

A pesar de vivir en una ciudad rica desde que en el virreinato los españoles explotaron las minas, era pordiosero por voluntad propia y no tenía casa. Rechazaba regalos y pertenencias, pero solía rondar afuera de mercados y templos, aceptando de buena gana comida, ropa y dinero para compartirlos con los ancianos, locos, ciegos y otros menesterosos que se encontraban en el desamparo.

Aunque era considerado taumaturgo por varios, no faltaba quien se burlaba de sus predicciones. Las crónicas de la época narran el caso de una señorita que, al verlo cruzar la plaza central, le preguntó irónicamente cuál sería el nombre de su futuro esposo.

—Te casarás, pero no con el padre del niño que llevas en el vientre —respondió Juan.

Poco después, el embarazo de la chica fue descubierto por su familia y ella se vio obligada a abandonar la ciudad.

Niní Berlanga fue otra persona de las que pretendieron burlarse de Juan del Jarro. Ella estaba comprometida con David de la Peña y era una de las bodas más esperadas por la aristocracia potosina. Dos días antes de las nupcias, estaba mirando por la ventana y cuando vio a Juan caminando por la calle le arrojó una moneda de oro y le preguntó cuándo iba a casarse.

Tras agradecer la limosna para "sus pobres", le aclaró que nunca se casaría, lo que provocó la furia de la joven. Cerró la ventana y fue a contarles a sus familiares lo que había escuchado. La tranquilizaron aclarándole que él no era más que un charlatán.

Sin embargo, para despedir la soltería de su prometido, algunos amigos cercanos organizaron un festejo. Uno de los asistentes, entrado en copas, cuestionó la honorabilidad de Niní Berlanga. David de la Peña no pudo soportar que su futura cónyuge fuera ofendida y lo retó a duelo. Pero la puntería del otro hombre era certera y el novio perdió la vida.

En *Leyendas potosinas*, Mariano Aguilar Martínez recoge distintas historias orales que dan cuenta de los poderes del adivino. Lo describe como un ser que no era un predicador, y no obstante era considerado "un iluminado, un visionario, un hombre de Dios"; y afirma que

una vibración divina emanaba de él, porque Juan del Jarro predecía el futuro de los acontecimientos hasta con siglos de distancia. También adivinaba sucesos de cumplimiento inmediato, que eran los que más impresión causaban porque se podían constatar en el momento.[1]

Entre las diversas pruebas de los dones de Juan está la predicción de la muerte del padre Jerónimo Buendía, que oficiana en el templo de Tlaxcala, uno de los primeros construidos por frailes franciscanos en la ciudad de San Luis Potosí. El sacerdote tenía apenas cuarenta años y gozaba de buena salud. Alguna vez le sugirió a Juan del Jarro que él podría proveerlo de ropa y asilo, para que no tuviera que vivir en la mendicidad, a cambio de que fuera advertido de los acontecimientos que pudieran afectarlo.

Juan del Jarro declinó la oferta, aclarando que no podía velar únicamente por su propio sustento sin considerar el de los demás.

—Pero tú eres mucho más pobre que aquéllos a quienes llevas el socorro —reviró el sacerdote.

—Sí, padre, mas como ellos no saben pedir, yo pido en su nombre y así seguiré mientras el buen Dios me lo conceda. Pero borre usted de su mente el proyectado viaje y no piense en establecer negocios, porque dentro de tres días estará usted dándole cuentas al Creador —le advirtió.

El padre Buendía rio, bendiciéndolo y respondiendo que su salud estaba intacta. Tres días después, podaba los rosales del jardín parroquial cuando una espina se le enterró. Debido al estiércol usado para abonar las plantas, la infección causada por la herida se complicó y la muerte fue inevitable.

---

[1] Mariano Aguilar Martínez, *Leyendas potosinas, México,* Ediciones Contraste, 1984.

Mariano Aguilar Martínez también recoge la historia de un albañil que, desde un andamio, trabajaba en la construcción de una de las pocas casas de dos pisos, por la actual calle de Iturbide. Desde las alturas, le gritó al vidente para preguntarle con sorna cuándo iba a morir, pues quería dejarle su gran fortuna. Juan respondió que ya no había tiempo para ningún testamento, en ese mismo instante estaba ya agonizando. Casi al instante el albañil tropezó y la caída resultó letal.

Juan del Jarro vivió una época convulsa; aún sin sanar de las divisiones del movimiento de Independencia, la sociedad se estremecía por las guerras intestinas, las batallas de liberales y conservadores, además de los bandidos que asolaban los caminos. En una ocasión, se topó con un grupo de soldados borrachos que pertenecían a las fuerzas acantonadas en la ciudad. Estaban de guarnición bajo las órdenes del general Vidaurri, preparándose para ir a combatir a los "mochos" que se acercaban con el objetivo de tomar la plaza. Uno de los soldados lo sujetó con fuerza de la solapa del saco arrugado, y le exigió saber cuál sería el resultado de la contienda. El andrajoso limosnero, tras serenarse un poco y acomodarse el saco estrujado, contestó:

—Señores de uniforme, de galones y charreteras, esta alegría que ahora gozan pronto se tornará en tristeza, porque dentro de pocos días en un lugar a veinte leguas de aquí habrá un encuentro en el que ustedes serán diezmados, aniquilados, en una palabra, mis buenos soldados, derrotados.

La respuesta los encolerizó y golpearon a Juan, dejándolo tirado a media calle.

El 29 de septiembre de 1846, día de san Miguel Arcángel, las tropas de Vidaurri se batieron contra las de Miramón, en

Puerto de Carretas y fueron derrotadas. Uno de los soldados que días antes había golpeado a Juan llegó a buscarlo, con una herida que empezaba a infectarse, para pedirle perdón y contarle los pormenores.

—Te perdoné desde hace tres días —le dijo Juan, compasivo—, porque sé que me andabas buscando; ya que estás sanado de la herida del alma, déjame curarte la herida del cuerpo que también te martiriza.

Entonces cortó hojas de una planta silvestre que crecía en las proximidades, las estrujó en la palma de su mano y, una vez que estuvieron molidas, aplicó esa pasta sobre la herida. Minutos después, el soldado dejó de sentir malestar, como por arte de magia.

Otras historias relatan un aspecto justiciero de Juan, como el relato de Anselmo Gárate, un hombre encarcelado por un robo que no cometió. Lo acusaron de haber hurtado una valiosa joya del señor Gabriel Espinosa, su patrón. Cuando Juan fue a visitar a los reclusos en la penitenciaría, el preso se le acercó para pedirle que le ayudara a demostrar que no había cometido ningún delito, esperando que su patrón retirara las acusaciones por las consideraciones que le tenía a Juan del Jarro.

Juan meditó un momento y le respondió que el señor Espinosa tampoco confiaría en él, al tener en cuenta su apoyo a los desválidos. Y le dijo que sólo libraría su condena con pruebas definitivas, pero añadió que no debía preocuparse porque éstas llegarían antes de tres días.

Juan fue a la casa del señor Espinosa para abogar por Anselmo y aclarar que él no era el ladrón del peto de diamantes, rubíes y esmeraldas que faltaba.

—Sospechaba que algún día vendrías con esa embajada —respondió Gabriel Espinoza—; no me duele tanto la pérdida de la joya, que ciertamente es valiosa, sino el haber perdido un buen sirviente, en quien yo confiaba; pero por desdicha nadie más que él pudo efectuar ese robo; eso está comprobado.

Juan le pidió a don Gabriel que recordara que, poco más de un año antes, le había regalado a su sirviente un traje que nunca usó y tuvo mucho tiempo en un baúl.

—Ayer fui al cuartucho donde viven los familiares de Anselmo —le explicó—, me permitieron recoger el traje. Mire usted en el bolsillo, es el lugar donde la joya estuvo tanto tiempo guardada.

Gabriel Espinoza pudo comprobar que las palabras eran ciertas. Además de la joya, había un documento del que ya no se acordaba y que sólo él mismo pudo poner ahí. El polvo acumulado evidenciaba que no había sido movido recientemente, como reconoció con sorpresa, vergüenza y alegría. No tuvo más que hacer las gestiones para que liberaran a Anselmo, recibirlo de nueva cuenta y recompensarlo.

Un día de enero, Juan del Jarro llegó hasta la casa de Anacleto Elizalde, un humilde trabajador, quien al verlo se alegró y le dijo jubiloso:

—¡Qué te traes por aquí, Juan! Pasa a tu humilde casa, debes tener mucho frío; el fuego está encendido y tengo de comer para ofrecerte.

Juan aceptó la invitación y comió con él, su esposa y sus dos hijos. Al terminar, después de una amena charla, Juan le hizo una solicitud.

—Cleto, vengo a que me ayudes con algún dinero para que remedie en parte las necesidades de tanto pobre del barrio del

Montecillo; aunque donde quiera hay pobres, parece que allí
ha sentado aún más sus reales la pobreza.

Anacleto se desconcertó. Él se consideraba tan pobre como
aquellos a los que Juan ayudaba. No era más que un modes-
to barrendero que ayudaba en una pequeña tienda de barrio.

—Dentro de muy pocos días serás más rico que tu patrón
—vaticinó Juan—. Prométeme que me ayudarás.

Anacleto ofreció que, de cumplirse, le daría la mitad de
su fortuna. Juan le pidió que no prometiera más de lo que era
posible cumplir, pero recalcó la importancia de que ayudara
a sus pobres.

Poco después se enteraron de que Anacleto era hijo natural de un propietario de una gran hacienda. Su madre había
trabajado para él durante un tiempo como sirvienta. El hacendado pidió que cuando muriera buscaran a su hijo para
entregarle un generoso legado de miles de pesos en oro. Fiel
a su promesa, Anacleto compartió su nueva riqueza con los
pobres.

Además de estas visiones sobre el destino individual de
varios, Juan pronosticó con casi un siglo de diferencia, la inun-
dación de una ciudad en donde el agua ha sido escasa, porque llueve poco y no abundaban las presas, el ganado moría
y la gente no contaba con lo suficiente para beber y cubrir las
necesidades sanitarias más indispensables. Mariano Aguilar
narra lo siguiente:

En aquellos remotos tiempos, el preciado líquido llegaba a
la ciudad por el rumbo de la Merced, mediante un estrecho
acueducto que iba de un bello paraje a unos ocho kilómetros
llamado "La Cañada del Lobo", donde brota un manantial

que forma poco más abajo una pequeña laguna azul donde los escolares suelen ir de excursión.

El acueducto, construido de tabique de barro, desciende con suma facilidad, pues empieza su curso desde gran altura; continúa sobre unos pequeños arcos que el pueblo ha dado en llamar "Los Arquitos" y sigue por la lomita hasta llegar a la ciudad, donde por fin el cristalino líquido desemboca en la famosa "Caja del Agua", obra en cantera rosa de la época colonial construida por un famoso arquitecto, joya digna de ser admirada.

El cronista aclara, además, que en aquellos tiempos los barrios de San Luis Potosí se encontraban aislados del centro. Los primeros en fundarse eran los más populosos: Tlaxcala y Santiago. Fue precisamente éste el que sufrió las inundaciones, durante la ceremonia del grito de Independencia de 1933. Justo cuando sonaban las campanadas, una represa del río Santiago, que alimenta la presa San José, no pudo contener el agua y reventó, arrasando el poblado. Los muertos se contaban por muertos y las fiestas se ensombrecieron.

Ni siquiera tras su muerte se despejaron del todo los sucesos insólitos vinculados con Juan del Jarro. Algunos testigos afirmaron que el cielo se vio inundado de reflejos brillantes la noche de su partida, cuando la multitud lo acompañó con rezos y cánticos religiosos. Se dice que el cuerpo emanaba luz, que algunos escépticos atribuyen a la fosforescencia natural de los huesos. Sin embargo, también se reporta que los lugares donde el cadáver yació se iluminaron.

Adrián René Contreras, uno de los cronistas de la ciudad de San Luis Potosí, se dedica a recuperar historias populares en su blog *Casas, casos, cosas y gente*. En él cuenta que Juan del Jarro fue enterrado en el panteón del Montecillo, la última morada de los más humildes, donde su tumba siempre estuvo bien cuidada, limpia y con flores.

No obstante, al poco tiempo de su entierro comenzó a correrse la voz de sus milagros y se discutía si era realmente un santo. Felilciano Guevara, un joven liberal, hizo suya la misión de demostrar que Juan era únicamente un mito inventado por gente supersticiosa. Mostrar sus huesos apolillados era la prueba que terminaría con esas erróneas creencias.

Cuando abrió su tumba, dispuesto a exhumarlo, vio a Juan del Jarro con un gesto plácido, como si sólo estuviera durmiendo. No había palidez ni otros signos de descomposición. De inmediato se propagó esta noticia y la gente fue a la tumba, mientras que Feliciano desistió de su propósito e hizo los votos de llevar una vida piadosa.

El doctor Calvillo, amigo del difunto, pidió permiso para retirarlo de su sepultura, pero en lugar de regresarlo enterró otro cuerpo. Algunos aseguran que lo hizo para trasladarlo de Montecillo a la cripta familiar en el Saucito, donde la gente sigue reuniéndose cada 2 de noviembre para conmemorarlo con ofrendas, pedirle que interceda por ellos y brindarle exvotos. Otros piensan que la gente se llevó partes de su esqueleto como reliquias milagrosas y las usa para labores de sanación. Así pasaba de ser un adivino a un santo para el imaginario popular. En un templo de la localidad de Ébano hay una imagen suya y, en 2006, el Ayuntamiento de San Luis colocó una estatua —diseñada por el escultor Mario Cuevas— en el jardín Guerrero, donde se encuentra el templo de San Francisco, para honrar su memoria. Desde el primer día recibió gestos de devoción: flores frescas, frutas, monedas, veladoras…[2]

En la cripta que la familia Tessier posee en el panteón del Saucito, hay una placa conmemorativa en la que se lee:

> Al gran benefactor de los pobres, Juan de Dios Asios, JUAN DEL JARRO.

Sus seguidores continúan buscando el jarro con el que deambulaba, con la creencia de que pueden pedirle deseos que serán cumplidos y de que adentro se escuchan el mar y el arrullo de cascabeles.

---

[2] René Contreras, "Juan del jarro, ¿milagroso?" http://rinconar.blog spot.mx/2008/11/juan-del-jarro-milagroso.html.

Juan Soldado

•

Juan Soldado, el santo de los migrantes

En una zona periférica de Tijuana, a sólo unos metros de la frontera con Estados Unidos, se encuentra el Panteón Municipal Número 1. Entre lápidas a las que la hierba ha ido ganando terreno y un cúmulo irregular de criptas de cemento se encuentra una capilla con fachada de ladrillo rojo con blanco; una bandera mexicana ondea en la entrada. En su techo arcado, de estilo colonial, puede verse un soldado con kepi, que da la impresión de que encontraría mejor sitio en los anaqueles de una juguetería. Los muros interiores están pintados de azul, resguardando veladoras y una lápida eternamente tapizada con flores y cartas de agradecimiento que escriben personas procedentes de lugares muy remotos, ya sea del país o de regiones de Centroamérica. Enfrente, aguarda un reclinatorio para rezar.

Son signos de la devoción a Juan Soldado, quien ayuda a todos los desamparados a llegar hasta el ansiado territorio estadounidense sin ser detenidos por la migra ni terminar como víctimas de los "coyotes". El repertorio es amplio. Mientras que algunas inscripciones apuntan al socorro en medio de un proceso judicial, otras dan cuenta de procesos personales de muy distinto tipo. *Gracias por ayudarnos en la*

*verdad y la justicia. Juan Soldado te doy las gracias por haverme
ayudado a terminar sus estudios. Cristian Flores Ángeles 10 de
julio 2004. Juan Soldado gracias por hacer el milagro a mi amiga
por pasar con bien a Los Ángeles, te lo agradesco con todo corazón. Atte. Mi amigo y yo. Cuídanos desde el cielo. Gracias Juan
Soldadito por los milagros concedidos te agradece Rosa Peña y
Fam. 02-19-15.*

Incluso en criptas cercanas se leen mensajes en el mismo
tenor. *Gratitud al hermano Juan Soldado por haberme emi-
grado. Dora Josefa Ramírez. Guatemala, 7-agosto-1968. Gracias Juan Soldado por haverme concedido mi inmigración.
Gracias Juan Soldado por el milagro que nos concediste 17-6-59
M. J. Robles.*

En la puerta se lee una fecha: 17 de febrero de 1938. Señala la muerte de Juan Soldado. Y en el dintel hay una placa
grande de cemento, que Jorge Luis Osuna y su familia pusieron el 20 de noviembre de 1974:

> Oración a la ánima sola de Juan Soldado. Alabado sea el san-
> tísimo nombre del padre, el hijo y el espíritu santo tres divi-
> nas personas y un solo dios verdadero quienes con su infinito
> y misericordioso poder han colmado de gracia y milagrosas
> indulgencias a mi querido hermano y protector Juan Castillo
> Morales… En el nombre de dios todo poderoso espíritu y áni-
> ma de Juan Soldado por motivos muy ciertos y con mi cora-
> zón rebosante de fe en tu inmediata ayuda vengo a confiarte
> todas mis penas que me atormentan moral y materialmen-
> te no dudando ni un instante que por medio de tu infalible
> intercesión ante el todo poderoso vea colmados mis buenos
> deseos si estos convienen a mayor gloria de dios nuestro señor

y tuya en particular… se hace la petición deseada… como te darás cuenta Juanito mis anhelos están desprovistos de capciosas maldades y todo lo que deseo es encontrar un apoyo eficaz de tu parte para acallar la indulgencia moral y material en que me encuentro sumido. Hermano Juan Soldado yo te suplico encarecidamente que no me abandones con tu protección en esta difícil prueba confío en la omnipotencia misericordiosa de dios y en tu infalible ayuda prometiéndote desde este momento ser uno más de tus innumerables devotos amén. Se rezan tres padres nuestros… nota… ofrézcase la presente oración en cualquier momento pero de preferencia a las 12:00 y 15:00 horas.

Juan Castillo Morales era un soldado que, a los veinticuatro años de edad, fue fusilado tras ser acusado de haber violado a una niña de tan sólo ocho años. Había nacido en Oaxaca, en el otro extremo del país, y llegó a la ciudad fronteriza para hacer guardias con el ejército.

De acuerdo con publicaciones periodísticas de la época, era originario del pueblo de Asunción Ixtaltepec, en el Istmo de Tehuantepec, que según algunos estudios históricos es el origen del pozol, bebida de maíz que es la base de la alimentación de muchos pueblos indígenas del sur y sureste de México.

Para el investigador Paul J. Vanderwood, sin embargo, no hay registro de su nacimiento ni de su bautismo en la iglesia de aquella localidad. Durante su investigación, nadie dio ahí datos sobre Juan Castillo, menos aún parecían estar enterados de que en el norte se le consideraba "el santo de los migrantes".

El propio Vanderwood cuestiona la culpabilidad de Juan Soldado en la violación a la niña y atribuye su condena a la incapacidad de las autoridades y la necesidad de sacrificarlo para calmar los ánimos de una turba enardecida.[1]

El 13 de febrero de 1938, la señora Feliza Camacho encargó a su hija Olga que fuera a la tienda La Corona, propiedad de Mario Mendivil, para comprar carne. La niña nunca regresó. Angustiada, la señora Camacho fue a buscarla y ahí, además de hablar con el tendero, quien le confirmó que su hija sí había comprado la carne, se encontró a un joven con uniforme militar que tampoco sabía nada de la pequeña.

La señora Camacho fue hasta el Foreing Club, donde su marido Aurelio trabajaba como cantinero. Después de tocar puertas incesantemente y recorrer en las calles sin éxito, acudieron a la policía, que en aquella época no era profesional; se formaba sólo por agentes improvisados que recibían un salario de una cuota popular. Las tareas de vigilancia las llevaba a cabo el ejército. Se organizaron corrillos para rastrear a la niña, pero no tuvieron suerte. Bloquearon las salidas de la ciudad, intensificaron la búsqueda, pero no obtuvieron ningún rastro.

Desde el principio las pesquisas fueron caóticas, sin una línea definida. Tijuana y San Diego habían padecido una ola de violaciones y asesinatos, así que cuando la desaparición de la pequeña fue de dominio público todo mundo esperó lo peor.

---

[1] Pail J. Vanderwood, *Juan Soldado. Violador, asesino, mártir y santo*. San Luis Potosí, El Colegio de la Frontera Norte, El Colegio de Michoacan, 2008.

La señora María B. de Romero, vecina de la familia Camacho, afirmaba tener dones de vidente y haber localizado a la niña mediante sus raptos oníricos. Meimi, como la gente la conocía, describió que la niña yacía maltrecha en un edificio abandonado.

Al día siguiente partieron rumbo a un cobertizo de caballos que estaba en desuso, detrás de una casa que colindaba con La Fortaleza, el destacamento militar y policial. Hallaron el cuerpo con un tajo en la garganta y sin ropa interior. Presentaba rasguños y heridas en los brazos, su cabeza estaba herida. Luchó antes de ser asesinada. Sus uñas aún conservaban restos de la piel de su agresor y algunos cabellos rojizos.

Con apoyo de la policía de San Diego, las diciesiete horas siguientes se organizaron interrogatorios al carnicero y a un grupo de jóvenes, que se guareció del frío y la lluvia cerca del lugar. Sólo quedaban los militares que estaban de guardia. Uno aseguró haber estado con su madre, así que tenía coartada. Sólo quedaba un sospechoso: Juan Castillo Morales, y sobre él recayó toda la investigación.

Según Vanderwood, no es claro por qué se dirigieron contra él todas las acusaciones. Todo lo que llegó a decirse para incriminarlo es que le gustaban las mujeres jóvenes. Cuando negó los cargos, el clima de linchamiento en su contra ya se había encendido.

Fue conducido al cuartel militar, habilitado como comandancia de policía. José Camareño, el estenógrafo, apunta que el proceso fue caótico, porque cerca de mil personas rodeaban las instalaciones, exigiendo justicia, lanzando piedras, botellas y latas para exigir la cabeza del soldado. Aceptó haberla visto, pero según su declaración no la conocía ni habló con ella en ningún momento. Cambió varias veces sus afirmaciones, presionado por la multitud amenazante y las golpizas durante los interrogatorios, además de que no contó con abogado defensor.

Cuando la policía registró su casa, encontraron un uniforme con sangre. Interrogaron entonces a una mujer, de nombre Concha, quien había sido su amante poco tiempo atrás. Lo acusó de ser violento y declaró que, según el propio Juan, la sangre era producto de una pelea. Aún más, en el momento del careo, ella lo acusó de intentar violar a una de sus sobrinas, fumar mariguana y, aunque no tenía pruebas, de asesinar a la pequeña Olga. La mujer desapareció después de estas declaraciones, pero su imagen de "pervertido" había sido creada de manera irreversible.

Para evitar un linchamiento, se declaró culpable. La turba, sin embargo, no estaría tranquila hasta hacer justicia por su cuenta y seguían exigiendo que las autoridades le entregaran al acusado. Por si esto no bastara, la situación en la ciudad era muy delicada: las relaciones entre el gobierno y los obreros de la Confederación Regional Obrera Mexicana (CROM) se habían tensado tanto que se encontraba al borde de la ruptura; los trabajadores salían a las calles exigiendo respuesta a sus demandas salariales. Como protesta, golpeaban instrumentos de metal y hacían ruido con cualquier cosa que estuviera al alcance.

Se amotinaron en La Fortaleza y lanzaron bombas molotov; el refugio policiaco ardía y la multitud estaba empeñaba en capturar a Juan para colgarlo. En el momento en que los bomberos quisieron prestar auxilio, les impidieron llegar al lugar. Algunos agentes intentaron dispersar a la gente a culatazos y para sacar a Juan a salvo tuvieron que vestirlo con ropa de mujer.

Al día siguiente, volvieron a incendiar edificios gubernamentales. Se consumieron muebles de madera, archivos, documentos, expedientes. Fue necesario declarar la ley marcial. Los pasos fronterizos se cerraron. Las cantinas y los negocios suspendieron sus actividades. Nadie debía salir a sus casas.

Tampoco fue suficiente para retomar el control. Hubo intentos de cortar el suministro de luz eléctrica a la ciudad y nuevos empeños para quemar oficinas de gobierno. Soldados y policías aduanales se enfrentaron a quienes protestaban; esta vez dispararon, aunque estaban presentes menores de edad. El general Rodolfo Sánchez Taboada, gobernador del Distrito Norte del territorio de Baja California, reportó sólo seis heridos; pero la gente señaló que hubo por lo menos doce muertos.

Algunas cuadrillas del ejército se apostaron en la calle con ametralladoras; desde algunas azoteas había francotiradores que reforzaban la vigilancia de las patrullas ordinarias. Los clamores populares terminaron sofocados.

El 16 de febrero fue la ceremonia mortuoria de la pequeña Olga Camacho, un sepelio sumamente concurrido. Esa misma tarde se reinició el juicio a Juan Castillo Morales, esta vez a puertas cerradas. Nadie supo a ciencia cierta lo que ocurrió, pero la madrugada del 17 de febrero Juan fue fusilado afuera del panteón de Puerta Blanca. El ejército citó a la prensa para calmar los ánimos de la población.

Al momento de la ejecución, Juan iba con uniforme, pero sin insignias. Ninguno de los dos pelotones destinados a la tarea resultó certero, así que tuvieron que darle el tiro de gracia.

David Ungerleider Kepler, jesuita, director general de Planeación y Desarrollo de la Universidad Iberoamericana Noroeste, ha investigado el tema. En *Historia de la devoción a Juan Soldado* sostiene que "cuando corrió huyendo de la muerte, iba blasfemando y lanzando improperios contra quienes lo acusaron".

Se convirtió en víctima "de un sistema injusto que culpa al inocente indefenso y pobre, y héroe porque frente a la muerte injusta, causada por la arbitrariedad de su sentencia, no se quedó callado".

Tras la ejecución, la gente se acercó a su tumba. Así lo refiere Vanderwood:

> Decían que había "señales" —manaba sangre de la tierra, el "ánima" del muerto clamaba venganza—, mismas que se imbricaron en el complejo entramado de religiosidad inculcado en ellos desde la infancia. Sentían entre ellos la presencia de Dios; conocían la gracia divina y la experimentaban...[2]

Así, los mismos que exigían su muerte empezaron a tenerle fe. Con el paso de los días cuestionaron el juicio, denunciaron que había sido parcial, arbitrario e injusto. Se diluyó la certeza en la culpabilidad de Juan. De un momento a otro su tumba se pobló de ramilletes de flores y cruces que honraban su memoria. Se organizaron rosarios por el alma del mártir. Morir injustamente lo acercaba a Dios.

El paso de las décadas no ha diluido la fe en torno a Juan Soldado. Siguen multiplicándose los escapularios, las efigies y

---

[2] Paul J. Vanderwood, *op. cit.*, p. 14.

otras representaciones. En una de ellas, aparece entre soberbios rascacielos. Él aguarda en la ciudad tan anhelada por tantos desposeídos. Esa ciudad por la que algunos arriesgan todo, perseguidos por la sombra de una brutalidad desmedida, con tal de tener una esperanza en su vida.

Alabado sea el Santísimo Nombre del Padre, el Hijo y el Espíritu Santo; tres Divinas personas y un solo Dios verdadero, quienes con su infinito y Misericordioso Poder, han colmado de gracia y milagrosas indulgencias a mi querido hermano protector Juan Castillo Morales.

En el Nombre de Dios Todopoderoso Espíritu y Ánima de Juan Soldado, por motivos muy ciertos y con mi corazón rebosante de Fe en tu inmediata ayuda, vengo a confiarte todas mis penas que me atormentan moral y materialmente, no dudando ni un instante que por medio de tu infalible intersección ante el Todopoderoso vea colmado mis buenos deseos, si estos convienen a mayor Gloria de Dios Nuestro Señor y Tuya en Particular. (Se hace la petición deseada).

Como bien te darás cuenta Juanito: Mis anhelos están desprovistos de capciosas maldades y todo lo que deseo es encontrar un apoyo eficaz de tu parte para acallar la indigencia moral y material en que me encuentro sumido.

Hermano Juan Soldado: Yo te suplico encarecidamente que no me abandones con tu protección en esta difícil prueba.

Confío en la Omnipotencia Misericordiosa de Dios y en tu infalible Ayuda prometiéndote desde este momento ser uno más de sus innumerables devotos.

Amén.

Jesús Malverde

•

© José Manuel Jiménez / Procesofoto

Jesús Malverde, el santo bandido

Hoy ante tu cruz postrado ¡Oh! Malverde, mi señor te pido
misericordia y que alivies mi dolor.

Tú que moras en la Gloria y estás muy cerca de Dios,
escucha los sufrimientos de este humilde pecador

¡Oh! Malverde milagroso ¡Oh Malverde mi señor,
concédeme este favor y llena mi alma de gozo. Dame salud
señor, dame reposo, dame bienestar y seré dichoso.

Anónimo

Durante la última década, la figura de Malverde ha cobrado un sitio propio en el imaginario popular. Se encuentra su
imagen por doquier, es identificado como el "santo de los narcos", y satanizado por la Iglesia católica.

En efecto, tiene una clara influencia entre las personas
dedicadas al tráfico y trasiego de mariguana, amapola y cocaína, pero esta asociación es muy limitada. Jesús Malverde también despierta la fe de campesinos y pescadores que entablan
arduas luchas por su supervivencia, amas de casa preocupa-
das por el bienestar de los suyos, comerciantes que atraviesan
grandes necesidades, policías y soldados que salen de casa
cotidianamente con el temor de ya no volver. Es uno de los

santos populares con mayor arraigo, y no sólo en territorio mexicano.

Su origen es sumamente incierto. Las versiones sobre su nacimiento parecen multiplicarse a medida que su culto se expande. Una de ellas señala que su verdadero nombre era Jesús Juárez Mazo, nacido el 24 de diciembre de 1870, y que "Malverde" era su apodo, derivado de "el mal verde", dado que realizaba sus asaltos entre la espesura del monte y se escondía debajo de las enormes hojas de los platanares.

En *La maldición de Malverde,* Leónidas Alfaro Bedolla apunta que era hijo no reconocido de don Fernando Juárez de Fuentevilla, "un hombre de mala entraña", de carácter recio, y Rutila Mazo, de origen humilde. Según el investigador, nunca fue registrado, pero de mayor decidió emplear de todas formas los apellidos familiares.

Aquí no se detienen las opciones. Algunos afirman que nació en 1871 en Mocorito, mientras que su nombre corresponde a la fe de quienes lo invocan. *Mal*, porque sus fieles se dedican a actividades ilegales; *verde*, por la mariguana.

A finales de 2004, Gilberto López Alanís, director del Archivo Histórico de Sinaloa, rastreó en el acervo del Registro Civil de Culiacán. Encontró el acta de nacimiento de un niño llamado Jesús Malverde, hijo de la señora Guadalupe, con idéntico apellido.

> En Paredones, a 15 de Enero de 1888, ante mí, Marcelino Zazueta, compareció el C. Cecilio Beltrán, mayor de edad, soltero, jornalero y de esta vecindad, y presentó un niño vivo, nacido en este lugar hoy a las 5 de la mañana, a quien se puso de nombre Jesús, hijo natural de Guadalupe Malverde, mayor

de edad, soltera, y de este punto. Fueron testigos de este acto los CC. Cipriano y Tiburcio Espinoza, mayores de edad, solteros, jornaleros.

Para la tradición oral, nació en el seno de una familia humilde y sus padres murieron en la más absoluta pobreza. De ahí que, cansado de la injusticia, asaltara a los hacendados y a las familias adineradas de Culiacán —Martínez de Castro, Redo, De la Rocha o Fernández— para repartir su botín entre los más necesitados.

Se dice que trabajó de albañil, así como en el tendido de vías tanto del Ferrocarril Occidental como el del Sud-Pacífico, línea que llegó a Culiacán en 1905. Era un magnífico jinete, por lo que le resultaba natural refugiarse en lo más espeso de los montes, a donde no llegaba la policía rural. Cuando estaba en la veintena, los caciques y aristócratas de la región presionaron al gobernador Francisco Cañedo, amigo cercano de Porfirio Díaz, para que lo apresara. Pronto su cabeza tuvo precio.

En este punto su historia no deja de ser nebulosa. Se afirma que uno de sus compadres lo traicionó vendiéndolo a las fuerzas federales; otros dicen que salió herido de una pierna en una refriega con las tropas del gobierno, aunque finalmente logró escapar. Sin embargo, días después la herida se le infectó y era imposible continuar la fuga, así que él mismo convenció a su compadre para que lo entregara y poder repartir el monto de la recompensa entre los hambrientos.

El punto en común de esta gama tan variada de narraciones es su muerte. Sus días llegaron a su fin el 3 de mayo de 1909, día de la Santa Cruz, cuando fue colgado en Culiacán por órdenes del gobernador. La ejecución no bastaba y, como advertencia a otros forajidos, el gobierno impidió que se le enterrara.

Quienes pasaban por ahí fueron dejando piedras sobre su cuerpo, que empezaba el inevitable proceso de descomposición, así que pronto se formó un montículo considerable, decorado con flores, iluminado con veladoras y acompañado con plegarias. Así nace su canonización entre los creyentes.

Llegó a ser tal la importancia de su tumba, que la Iglesia católica y el gobierno se aliaron para construir, en ese mismo lugar, el palacio municipal. La gente protestó airadamente y, como a veces sucede en estos casos, la intención de soterrar su figura y desaparecerla de la memoria colectiva sólo logró engrandecerla.

> Dicen que las máquinas encargadas de demoler la tumba no hacían más que descomponerse y los obreros tuvieron innumerables accidentes porque el ánima de Malverde no permitió tales actos, castigándoles de esa manera. Por fin, cediendo a la presión popular y "sobrenatural" que ejercía sobre ellas, las autoridades donaron el terreno donde se ubica la capilla en la actualidad, a unos cien metros de la supuesta tumba de Malverde. Es un terreno que se encuentra a la orilla de las vías del ferrocarril de la vieja estación de tren.[1]

La figura de Malverde había echado raíces y no era posible desterrarla. A pocos metros de donde había iniciado el montículo se construyó una capilla. Los devotos donaron dinero

---

[1] Kristin Gudrún Jónsdóttir, *op. cit.*, p. 69.

y cada temporada le dejaban envases con la primera pesca de camarón, verduras de las hortalizas, retablos y, claro, también amapolas, goma de opio, restos de cocaína y plantas de mariguana.

En esa mezcla de datos históricos y narraciones orales en torno a Malverde, hay quien dice que la construcción de la capilla se debe a Eligio González, un chofer que estuvo agonizando; cuando logró salvarse, la edificó en agradecimiento por permitirle salvar su vida.

Dos hombres le habían pedido que los condujera a una ranchería, pero en cuanto llegaron a un paraje solitario lo asaltaron. Además de quitarle su camioneta —a la que solía llamar "Araña pantionera"—, le dispararon al menos cuatro veces en el pecho. Debatiéndose por sus heridas, le rogó a Malverde que lo dejara vivir, prometiéndole a cambio que levantaría un santuario en su honor. El milagro se cumplió, don Eligio logró recuperarse y, en 1973, mandó a construir la actual capilla.

En aquel momento, Malverde no era más que una referencia sin rostro ni cuerpo definidos. Una ánima, una leyenda del que no se conservaba ninguna fotografía. Así que don Eligio le pidió a un artesano crear su busto, basándose en el gran ídolo mexicano Pedro Infante, cantante y actor nacido en Sinaloa, quien murió en un trágico accidente aéreo cuando se encontraba en el pináculo de la fama. También se afirma que pretendía que el busto fuera similar a Jorge Negrete, otro ídolo popular que también tuvo una muerte prematura, por suicidio. La historiadora Kristín Gudrún, en cambio, dice que se trata de una amalgama de Heraclio Bernal, El rayo de Sinaloa, y de Felipe Bachomo, ambos bandidos populares.

Don Eligio sintió devoción por Malverde gracias a una aparición. Según cuenta Leónidas Alfaro Bedolla, don Eligio conoció el culto gracias al consejo de Amada Bojórquez Insunza, una vieja campesina que le dio 150 pesos a cambio de que le ayudara a enterrar a su hijo. Fueron juntos rumbo a Mocorito, el lugar donde supuestamente nació Malverde, pero antes de llegar ella le pidió que la dejara en una iglesia y le indicó que él debía continuar solo para entregar el féretro. Antes de bajarse, le dijo que no debía invocar directamente a Dios, "que para eso estaban las vírgenes, los santos y las ánimas, que eran ellos los que interceden por nosotros ante Dios nuestro Señor".

> Claramente recuerdo que doña Amadita me sopló al oído: *invoca al Ánima de Jesús Malverde, pa' que él intervenga ante dios todopoderoso.*[2]

Don Eligio fue capellán del santuario. Como fue favorecido ganando la lotería doce veces, pudo dedicarse no sólo a erigir la capilla, sino a darle mantenimiento hasta que murió, en 2002, fecha en que su hijo, Miguel González, lo relevó en el cargo. El santuario ha crecido hasta convertirse en un templo de cristal y herrería, con un techo de dos aguas.

Junto a Malverde se encuentran la Virgen de Guadalupe, el Santo Niño de Atocha, san Martín de Porres y san Judas Tadeo. Al lado hay una tienda donde pueden encontrarse bustos

---

[2] Leónidas Alfaro Bedolla, *La maldición de Malverde*, España, Almaruza, 2006, p. 8.

de cerámica, escapularios, medallas, llaveros, estampas, veladoras e imágenes de Malverde en papel o en tela.

Hasta el 2004, con base en donaciones y limosnas de los
fieles de esta capilla, han conseguido ayuda para la gente más
pobre: 11 mil sillas de ruedas y 9 mil cajas de muerto, así como
miles de juguetes, despensas, ropa, cobijas y muletas.

Pero no es el único recinto donde se le adora. En diferentes regiones del estado de Sinaloa se encuentran otros altares
más modestos y en muchos comparte espacio con la Santa
Muerte.

Malverde no sólo es un santo popular. Se trata de un producto cultural, en el sentido más amplio de la expresión. Se
han escrito novelas, canciones y guiones para películas de
su vida bandolera y su santificación. Su imagen aparece en
camisetas, llaveros, negocios, restaurantes, cantinas, bares y
cafés de España, Argentina y Estados Unidos, e incluso una
cerveza de Monterrey lleva su nombre.

Santa Muerte

•

© Gema Alicia Hernández

Santa Muerte, ¿la patrona de los narcos?

Novena a la Santísima Muerte

Los favores que me tienes que conceder
harán que venza todas las dificultades y que
para mí no haya nada imposible, ni obstáculos
infranqueables, ni tenga enemigos, ni que nadie
quiera hacerme daño,
que todos sean mis amigos y que yo salga
vencedor en todas las empresas o cosas que haga.
Mi casa se llena con las virtudes de tu protección.
(Tres Padres nuestros)

Igual que muchos de los cultos populares, el de la Santa Muerte no tiene un registro oficial y su origen se diluye entre los veneros de las alegorías, los mitos y las creencias de la gente.

No obstante, a sus seguidores no les desvela descifrar cómo y dónde nació. Precisar un lugar y un momento para el nacimiento de este culto no es posible, pues no se basa en la encarnación de la divinidad en una persona histórica ni en el advenimiento de un milagro; por el contrario, estamos ante un crisol de creencias, la materialización de un proceso complejo de sincretismo cultural en un país fundamentalmente mestizo, basado en entrecruzamientos de distintos referentes religiosos y una variedad inabarcable de costumbres y lenguas de pueblos autóctonos y europeos, por decir lo menos.

En Europa, es posible rastrear imágenes de la muerte como deidad desde la Edad Media e incluso mucho antes, mientras que en América el culto existe desde la era precolombina. Pero si es necesario plantear un marco formal de esta fe en México, a partir del siglo XVII el culto puede documentarse en cinco lugares.

El primero de ellos en la zona del Soconusco, Chiapas, que colinda con Guatemala y que, antes de la llegada de los españoles, formaba parte del imperio maya. El historiador Francisco Antonio de Fuentes y Guzmán dice que, en 1650, un guatemalteco indígena de San Antonio Aguacaliente (actualmente Ciudad Vieja, Guatemala) agonizaba por una fiebre epidémica llamada *cucumatz*. Después de recibir la extremaunción, tuvo una visión de un esqueleto alto y vestido con ropas brillantes. Era la figura de Pascual Bailón, un monje franciscano que había muerto en 1592, a los cuarenta años; fue canonizado en 1690 por su vida de martirio y lucha contra los calvinistas.

El indígena maya prometió que intercedería para erradicar el azote de *cucumatz* si la comunidad adoptaba como patrón al monje francisano español y veneraba su imagen. Para convencer a la gente predijo que nueve días después de que él muriera la epidemia llegaría a su fin.

Sus palabras se cumplieron y la leyenda se propagó por toda la región. Las imágenes de san Pascual —la gente lo rebautizó como san Pascualito o san Pascualito Rey— se hicieron populares a pesar de que la Inquisición las prohibió y ordenó quemarlas; para evitar su destrucción, los indios guatemaltecos las ocultaron en Chiapas; en 1872 formaron una hermandad destinada a erigir una ermita en honor de san Pascual Rey, al que se representó con un esqueleto de madera y una carreta que usaba para recoger a los muertos; los chirridos de sus ruedas auguraban que una vida se estaba apagando.

La creencia en san Pascualito Rey siguió fortaleciéndose. En 1902, su imagen esquelética fue resguardada en la iglesia de San Marcos y en 1908 fue trasladada a la iglesia del Calvario, en Tuxtla, donde actualmente se encuentra. En 1934, durante la quema de santos, permaneció en varias casas particulares, antes de volver al Calvario, aunque hay quienes aseguran que la actual efigie se construyó más tarde.

El segundo lugar donde hay registros del culto durante el siglo XVII es Amoles, el pueblo de Querétaro. La propia Iglesia católica documenta que, en 1793, fue encontrado un sacerdote celebrando con algunos indígenas al "Justo Juez", representado por un esqueleto de tamaño natural, con la cabeza coronada, arco y flechas en las manos. Naturalmente, lo consideraron blasfemo.

Según un expediente eclesiástico, muy cerca, en el pueblo de San Luis de la Paz, Guanajuato, en 1797 un grupo de indios adoraba una figura esquelética a la que llamaban Santa Muerte; le pedían milagros y le otorgaban poder con un báculo.[1]

---

[1] J. Katia Perdigón Castañeda, *La Santa Muerte. Protectora de los hombres,* 1ª ed., México, INAH, 2008, p. 33.

En las noches se juntan en su capilla para beber peyote hasta enloquecer y privarse de los sentidos, encienden velas volteadas al revés y otras teñidas de negro, bailan muñecos estampados en papel, azotan Santas Cruces y a una figura de la Muerte que le llaman Santa Muerte la amarran con un mecate mojado amenazándola con azotarla y quemarla si no hace el milagro.[2]

Los registros no se interrumpen en la época moderna. En 1965, en Tepatepec, Hidalgo, una figura de la muerte, que yacía en el rincón de una iglesia modesta, atrajo el interés de los feligreses. Dos años más tarde, en La Noria, una comunidad del municipio de Sombrerete, Zacatecas, se veneraba a una figura huesuda y descarnada, al lado de vírgenes y santos.

En ambas parroquias la imagen de la Muerte fue expulsada por los párrocos en cuanto observaron que sus seguidores dejaban oraciones y gratitudes por los milagros realizados, con una devoción más acentuada que la despertada por las figuras canónicas, instaladas en los mejores nichos.[3]

La veneración por la Santa Muerte es quizá el fenómeno religioso más importante en México durante el último siglo. Ninguna de las expresiones y cultos nuevos se compara con la presencia de esta figura seguida por millones que, a diferencia

---

[2] Museo Casa Morelos, archivo documentos de la Inquisición, legajo 41, 1797. Véase Katia Perdigón, *op. cit.*, p. 33.

[3] Para mayor información de la historia de la Santa Muerte véase José Gil Olmos, *La Santa Muerte, la virgen de los olvidados,* México, De Bolsillo, 2010.

de otras agrupaciones religiosas institucionales, no necesitan de un intermediario —sacerdote o iglesia— para relacionarse con su deidad.

Que la jerarquía del catolicismo la considere herética e incluso diabólica no es extraño. Pero, además, el gobierno federal también se le opone. El 29 de abril de 2005 rechazó la solicitud formal para considerarla como asociación religiosa. Hasta marzo de 2009, existían otras 7 mil 349 asociaciones con registro ante la Secretaría de Gobernación. Ninguna de ellas podría presumir un crecimiento como la devoción por la Santa Muerte, culto que creció principalmente tras el crack financiero de 1995-1996.

Como en todo culto popular, esta nueva congregación venera a la Santa Muerte en ritos que se enriquecen con evocaciones católicas, indígenas, esotéricas y milenaristas. Se clama por lo más natural: protección, comida, trabajo, salud, suerte, amor, dinero y venganzas; y, en algunos casos, se entremezcla con la magia negra y es vista como un medio para acceder al poder.

No hay modo de saber, con exactitud, cuántos fieles la adoran. Enriqueta Romero apunta que, tan sólo en la capital del país, existen mil 500 altares en calles y casas. David Romo, quien se ungió como arzobispo de esta comunidad de creyentes y que actualmente cumple una condena por encubrir a una banda de secuestradores, da otra cifra. Afirma que son aproximadamente 10 millones de devotos.

Muchos aseguran que esta fe posee nexos con el narcotráfico. La idea cobró especial arraigo en abril de 1989, cuando en Matamoros, Tamaulipas, fue apresado el grupo criminal de los "narcosatánicos", como se le conoció en la prensa.

De manera fortuita, policías tamaulipecos detuvieron a varios narcotraficantes. Los habían seguido hasta su guarida, ubicada en el rancho Santa Elena, cercano a la frontera con Estados Unidos. Al catear el sitio hicieron un descubrimiento macabro: al fondo del terreno había una pequeña choza y una marmita con restos humanos y sangre, además de un altar dedicado a la santería.

Los narcotraficantes confesaron que realizaban sacrificios humanos y enterraban los cuerpos en el mismo rancho. Los pusieron a cavar y hallaron doce cuerpos; habían sido mutilados. En ceremonias de magia negra, que efectuaban para pedir protección y poder, arrancaron el pene, el corazón, la columna vertebral y otros órganos vitales de aquellos a quienes sacrificaban. Su jefe, Adolfo de Jesús Constanzo, cubano-estadounidense, fue quien los inició. Las víctimas eran secuestradas con ayuda de Sara Aldrete Villarreal, que cumplía labores como "cebo" o "señuelo".

Entre los cadáveres estaba el de un joven norteamericano, Mark Kilroy; estudiante de la universidad de Brownsville, Texas, que viajó a Matamoros en las vacaciones anuales del *spring break*. Tras la desaparición, su familia ofreció cinco mil dólares a quien diera informes sobre su paradero, pues desde el inicio intuyeron que se trataba de un secuestro.

Adolfo de Jesús Constanzo fue perseguido por todo el país, hasta que lo apresaron en la colonia Roma de la Ciudad de México. Según informes extraoficiales, en medio del tiroteo con la policía, los narcosatánicos arrojaron dólares por la ventana. Querían desatar el caos para huir. Cuando los agentes penetraron en su casa de seguridad, Constanzo se burló de ellos y les advirtió que saldría muy pronto de prisión gracias a sus amplias influencias en los más altos grupos políticos. Eso no fue suficiente; añadió que el mismísimo diablo era su principal protector. Los miembros de la banda, entre los que había estudiantes de la universidad de Brownsville, lo creían inmortal.

La versión de los funcionarios del gobierno fue que arrojaron dólares para corromper a los agentes de la policía, que reaccionaron disparando. Tras el enfrentamiento, sólo Sara Aldrete y otros dos miembros sobrevivieron. "¿No decían que era inmortal?", espetó un policía cuando Adolfo de Jesús Constanzo fue acribillado.

Este caso fue la piedra de toque de una campaña contra la Santa Muerte. Kevin Freese, de la Oficina de Estudios Militares Extranjeros del Fuerte Leavenworth, en Kansas, Estados Unidos, publicó un ensayo que se encuentra en la página electrónica *Biblia y tradición*. En dicho trabajo, Freese intenta indagar el origen de este culto, pero sobre todo pone atención sobre el perfil de sus seguidores:

> Los criminales parecen identificarse con la "Santa Muerte" y le piden protección y poder, incluso cuando cometen sus crímenes. Ellos portan la parafernalia del culto y le ofrecen un respeto que no le otorgan a ninguna otra entidad espiritual.[4]

Para sustentar sus afirmaciones, Fresse cita algunos casos aislados de detenciones de narcotraficantes y secuestradores que

---

[4] Kevin Freese, "El culto de la muerte de los señores de la droga, santa patrona mexicana del crimen, los criminales y los marginados". http://bibliaytradicion.wordpress.com

trabajaban para Osiel Cárdenas Guillén, jefe del cártel del Golfo, y que tenían altares a la Santa Muerte.

El primero data del 9 de abril de 2001. El ejército mexicano realizó una redada en una mansión en Tamaulipas; pertenecía a Gilberto García Mena, alias el June, líder de una célula del cártel del Golfo, quien sentía fascinación por lo esotérico y le gustaba mutilar a sus enemigos. Fue arrestado en una cámara subterránea que descubrieron al catear el inmueble. Dentro, encontraron una estatua de la Santa Muerte rodeada de velas y ofrendas.

El segundo ocurrió en agosto de 2004, cuando personal del ejército mexicano allanó una casa situada en la calle Montañas Rocallosas 510, esquina con Montes Cárpatos, en la colonia Lomas de Virreyes, área residencial de lujo en la Ciudad de México. La casa había sido usada por miembros del cártel del Golfo como laboratorio para procesar cocaína antes de enviarla a Tamaulipas (y presumiblemente a Estados Unidos). Habían rentado la casa por al menos tres meses. Entre los pósters de mujeres desnudas y en bikini, computadoras y botellas de licor, hallaron un altar con amuletos de san Judas Tadeo y la Santa Muerte.

En *La idea de la muerte en México*, Claudio Lomnitz da una perspectiva para comprender la supuesta vinculación, casi orgánica, entre el culto a la Santa y el crimen organizado. En Michoacán, el narcotraficante Amado Carrillo, conocido también como el Señor de los Cielos, financió el santuario; en la Ciudad de México, la zona donde se encuentran más altares es en Tepito, una región con altos índices de criminalidad.

[...] algunos antiguos agentes de la policía judicial de México afirmaban que existe una cofradía constituida por policías y criminales cuyo núcleo es el culto de la Santísima Muerte; la dueña del puesto que vende "polvos" de la Santísima Muerte en el mercado principal de Oaxaca afirmaba que sus principales clientes eran policías; y en fin, el secuestrador de infausta memoria de la Ciudad de México, Daniel Arizmendi, alias el Mochaorejas, había erigido un altar a la Santísima Muerte en su escondite.[5]

Distintas publicaciones periodísticas alimentaron los prejuicios. El reportero Darío Dávila, del diario *La Crónica de Hoy*, en un reportaje fechado el 8 de septiembre de 2003, afirmó que la Procuraduría General de la República (PGR) tenía pruebas de que los narcotraficantes, principalmente del cártel del Golfo, recurrían a brujos y a la Santa Muerte para lograr que sus cargamentos cruzaran sin problemas la frontera. Incluso, dijo, se registró que practicaban sacrificios humanos.

Escribió que en Nuevo Laredo ubicaron una vieja construcción en la calle de César López a la que llamaron La Casa Blanca, donde había un cadáver con huellas de haber sido victimizado por narcosatánicos. Llevaba dos días yaciendo sobre un pentagrama pintado con gis. El reportero escribió que Osiel Cárdenas era devoto de la Santa Muerte, fiel a los rituales de magia negra.

A finales de 2003 hubo otro caso que llamó la atención de la prensa: el 31 de diciembre detuvieron en Guadalajara a José

---

[5] Claudio Lomnitz, *La idea de la muerte en México*, México, FCE, 2006. pp. 465-466.

Gil Caro Quintero (hermano del capo Rafael Caro Quintero) junto con otros tres integrantes de la banda Los Norteños, la cual operaba en Jalisco, Morelos y Veracruz. En sus propiedades la policía encontró diversos altares a la Santa Muerte.

A mediados de 2004, en la carretera fronteriza Anáhuac-Nuevo Laredo, en Tamaulipas, fue incendiada y semidestruida una capilla dedicada a la Virgen de Guadalupe, muy cerca de donde se construyó una capilla para la Santa Muerte. Ese mismo año, en el municipio de Ixtlahuacán de los Membrillos, en Jalisco, la procuraduría estatal abrió una investigación después de recibir una denuncia sobre jóvenes que realizaban ritos satánicos a la Santa Muerte; algunos de los participantes se terminaban suicidando.

Estos casos nutrieron la denostación. Por ejemplo, el presidente de la Asociación Ministerial Evangélica de Veracruz (AMEV), Ricardo Aquino Alfaro, pidió a la Secretaría de Gobernación que revisara el registro de la Iglesia católica tradicional México-Estados Unidos, otorgado en 2002, "pues se corría el riesgo de que se estuvieran promoviendo suicidios y sacrificios humanos".

Para reforzar la petición se utilizaron varios casos dudosos, como el del campesino Francisco Jiménez, a quien encontraron colgado de un árbol en Banderilla, Veracruz, el 27 de noviembre de 2006. Entre sus ropas hallaron varias oraciones dedicadas a la Santa Muerte.

La historiadora Katia Perdigón asegura en *La Santa Muerte, protectora de los hombres* que los medios de comunicación han deformado la percepción de este culto popular, incluso por encima de las autoridades y la Iglesia. Por ejemplo, nunca mencionaron que, detrás del altar de la Santa Muerte del

Mochaorejas, también encontraron uno dedicado a la Virgen de Guadalupe. Tampoco difunden que, además de los delincuentes, otras personalidades mantienen esa fe, como el ex secretario de Seguridad Pública, Genaro García Luna, que recurrió a la santería, la brujería y la protección de la Muerte para cuidarse de los narcotraficantes. Según testigos, este ingeniero mecánico egresado de la UNAM, que comenzó su carrera policiaca en el Centro de Investigación y Seguridad Nacional (Cisen) tenía un altar a La Flaquita con el Ángel de la Muerte, diseñado por David Romo.

La devoción se extiende a figuras del deporte, la farándula y la política. No siempre salen a la luz estos datos, pues el secreto de confesión del culto se considera un pacto inviolable y el castigo para quien lo traicione es, precisamente, la muerte. Lo que no impide que, en la esfera privada, se realicen peticiones a la Niña Blanca, con ayuda de quienes saben realizar los rosarios y las ceremonias. Es un secreto que muchos se llevan a la tumba, como se afirma de María Félix. De hecho, la versión entre los enterados es que la Doña fue vestida y sepultada como último tributo a deidades que no son aceptadas por la mirada católica.

De Elba Esther Gordillo se ha afirmado, en versiones que recogen declaraciones de antiguos asesores muy próximos a ella, que cada tanto le pide a la Flaquita que elimine a sus enemigos. La ex dirigente del Sindicato Nacional de Trabajadores de la Educación (SNTE), considerado el más grande de Latinoamérica debido a que cuenta con un millón 450 mil agremiados, es ampliamente conocida en el mundo del esoterismo.

De acuerdo con varios testimonios, no sólo cree en la magia negra sino que la practica. En su *penthouse* de la exclusiva zona de Polanco, la lideresa guarda un esqueleto completo, vestido de reina sobre un altar que tiene también espacio para el palo mayombe y otros ritos de raíz africana. Para pagarle favores recibidos, Elba Esther Gordillo financió la construcción de altares consagrados a la Santa Muerte en la Ciudad de México, donde a la sazón existen 300 altares públicos, aunque no se cuenta con ningún padrón oficial.

Aunque enemistado políticamente con Elba Esther Gordillo, se afirma que Ulises Ruiz, el ex gobernador de Oaxaca, comparte sus creencias. Varios de sus colaboradores atestiguaron los rituales y vieron sus talismanes. Uno de ellos asegura que poseía una enorme tarántula viva en una caja de vidrio, a la que solía hablarle mientras la acariciaba.

La actriz y cantante cubana Niurka y su ex pareja, el actor Boby Larios, se casaron en febrero de 2004, generando un escándalo. No sólo porque vendieron los derechos de la ceremonia a la revista *TV Notas* en 100 mil dólares, sino porque la ceremonia fue oficiada por David Romo, el arzobispo del culto.

Cuando el luchador apodado el Místico declaró que creía en la Santa Muerte lo amenazaron con cancelar sus contratos televisivos. Surgido de las calles de Tepito, comenzó su carrera al amparo de otro luchador, Fray Tormenta, quien se dedica a ayudar a los niños de la calle.

En octubre de 2002, la revista de espectáculos *Mi Guía* demostró que en ese ámbito la Santa contaba con muchos seguidores. Katia Perdigón también lo documenta en su libro:

> Dedicándose plenamente a la Santita, o mezclando creencias de santería, budismo y catolicismo, la mamá de Toñita busca

el triunfo en La Academia. Comparte en el altar la foto de su hija con la Santa Muerte, a la cual le ofrece tequila, un listón rosa, le enciende veladoras; todo se vale para que sea la absoluta ganadora del concurso televisivo.

La prensa también reportó el caso de la modelo Carmen Campuzano, quien le pidió al supuesto arzobispo de la Santa Muerte que le ayudara a superar su dependencia del alcohol, las drogas y el sexo. Según la carta de un devoto, el arzobispo primado de la Iglesia Santa, Católica, Apostólica, Tradicional México-Estados Unidos, no sólo le rezó al Ángel de la Muerte encomendándole a Campuzano, sino que realizó un rito de brujería y santería que consistió en meter a la modelo en un círculo de fuego.

Oradores y seguidores de la imagen de la Muerte advierten que la Iglesia católica ha distorsionado y manipulado los hechos para impedir el crecimiento de su fe. Entrevistado en el mercado de Sonora de la Ciudad de México —el recinto por antonomasia en productos esotéricos—, el devoto Manuel Valadez, afirma:

Sabemos de antemano que la gente de las organizaciones criminales siempre debe estar bien protegida, porque se la juega con mucha gente, también los que gobiernan, desde el alcalde, los policías, etcétera. Necesitan una protección espiritual. En un tiempo se manejaba san Judas Tadeo; inclusive se llegaron a vender camisetas que decían: "San Judas Tadeo, haz paro", pidiendo el favor de la protección. Pero en un momento determinado el delincuente comenzó a buscar la protección de la Santa.

Por su parte, Martín George Quijano, que en los últimos años
se ha convertido en uno de los principales oficiantes del culto,
sostiene que no es necesario ocultar que entre los devotos hay
delincuentes. Pero al mismo tiempo precisa que son fieles de
la Virgen de Guadalupe, san Judas, de Jesucristo y la Virgen
María. "Se trata de un culto popular y gente de todo tipo y de
todos lados viene a pedirle favores", asegura al rechazar las
versiones de que practican sacrificios.

Martín George oficia misas de la Santa Muerte en diversas
colonias de la Ciudad de México y algunos estados del centro,
norte y la región del Bajío. Cursó estudios superiores, aunque
no los concluyó, y fue uno de los primeros colaboradores de
doña Enriqueta Romero, la primera en poner un altar público
a la Flaquita, como ella le dice. Fue en en el 2001, afuera de
donde vive, un departamento en la calle de Alfarería 12, en
Tepito.

También originario de ese barrio popular, a Martín George le llaman por teléfono solicitando sus servicios; asegura que
no cobra, sólo recibe las donaciones para trasladarse y celebrar el servicio por un par de horas.

Las ceremonias se realizan en altares que la gente construye en esquinas y sus rituales se asemejan a las liturgias católicas. Se instala una mesa con un delantal blanco, con una cruz
en el centro, flanqueados por figuras de Jesús y alguna virgen,
ya sea María o la de Guadalupe. Del otro lado, se encuentra
la figura de la Santa, entre veladoras, mirra e incienso. La gente reza padrenuestros, avemarías o rosarios modificados, con
referencias a la Santa Muerte.

El oficiante de la ceremonia pide por el bienestar de
todos los presentes sin importar el origen, la clase social o a

la actividad a la que se dedican. Al final, los devotos regalan comida y reparten oraciones, mientras las esculturas son salpicadas con agua bendecida por la fe de los reunidos.

No hay nada de satánico ni sacrificios humanos, simple y sencillamente los devotos le rezan a la figura esquelética cubierta con su sayal, la hoz en una mano y un reloj o un báculo en la otra, pidiéndole "favores", no milagros, que son sus derechos incumplidos por el Estado.

A su Santa la visten como novia, futbolista, quinceañera o mariachi; usan los colores de su preferencia. Y le rezan novenarios.

JACULATORIA

Muerte querida de mi corazón, no me desampares con tu protección, y no dejes a fulano(a)........ un sólo momento tranquilo, moléstalo a cada momento, mortifícalo, inquiétalo, inquiétalo para que siempre piense en mí. Amén.

(Se rezan 3 Padres nuestros).

SONETO
¡Oh Muerte Sagrada!
Reliquia de Dios,
Sácame de penas
Teniéndote a Vos.
Que tu ansia infinita
Por hacer el bien,
Sea siempre conmigo
Toda nuestra dicha
Sin mirar a quien.
Que tu balanza divina,

con tu esfera celeste,
nos cobije siempre
tu manto sagrado
Santísima Muerte.
(Se repite todos los días de la Novena).

Primer día

Santísima Muerte, yo te suplico encarecidamente, que así como te formó Dios inmortal, hasta ponerlos en la esfera celeste, donde gozaremos un feliz día sin noche por toda la eternidad, y en el nombre del Padre y del Hijo y del Espíritu Santo: yo te ruego y te suplico te dignes ser mi protectora, y me concedas todos los favores que yo te pido en esta Novena, hasta el último día, hora y momento en que su divina majestad ordene llevarme a su presencia. Amén.

(Se rezan 3 Padres nuestros)

Segundo día

Jesucristo Vencedor que en la Cruz fuiste vencido, vence a fulano (a)........ que esté vencido conmigo; en el nombre del señor; si eres animal feroz, manso como un cordero, manso como una flor de Romero, tienes que venir; pan comiste, de él me diste, quiero que me traigas a fulano (a)....... por la palabra más fuerte que me dijiste, quiero que venga a mí humillado, rendido a mis plantas llegue a cumplirme lo que me ha ofrecido; así como creo, señor, no me será imposible; te suplico me encarecidamente me concedas esto que te pido, con esta Novena, prometiéndote ser tu más fiel devoto hasta el fin de mi vida. Amén.

(Padre Nuestro y Gloria)

Tercer día

Jesucristo vencedor, dulce nombre de Jesús, por tu Santa Muerte, tú me alumbras con tu luz y me llenes de alegría, trayéndome el amor de fulano (a)........ sea de noche o sea de día, te lo pido por el gran poder titánico que Dios te dio, te pido me introduzcas en el corazón de fulano (a)........ que no tenga ojos más que para mí, hazme el favor que te pido con esta Novena, por la Santa Muerte de Nuestro Señor Jesucristo. Amén.

(Padre Nuestro y Gloria)

Cuarto día

¡Oh! Santísima Muerte que a los Santos redimiste, como ovejas los dejaste porque tú así lo quisiste, yo te pido con todo mi corazón, así como Dios te formó inmortal, poderosa sobre todos los mortales, haz que sólo yo en ti crea haciéndome este milagro, con el gran poder que tienes hagas que fulano (a)........ no pueda tener tranquilidad, ni en silla sentarse, hasta que humilde y rendido (a) venga a mis pies, y que nunca jamás se aleje en mí, te lo pido por la Santísima Trinidad del Padre Eterno. Amén.

(Se rezan 3 Padres nuestros)

Quinto día

¡Oh! Santísima Muerte de Jesús mi bien amado, ¡Oh, Soberana Señora! A la que el Padre Eterno puso para cegar la vida de todos los mortales, a la que a todos llega más tarde o más temprano, no importan riquezas o juventudes, pues es pareja con viejos, jóvenes o niños a los que habrá de llevar a sus dominios, cuando Dios se lo indique.

Muerte Sagrada yo te suplico que fulano (a)........ se ena-
more mucho de mí, que no se fije en la hermosura física, haz
que descubra la bondad de mi alma, y me reconozca sólo a mí
como su único y más fiel amor. Amén.

(Se rezan 3 Padres nuestros)

Sexto día

¡Oh, Santísima! Gloriosa y Poderosa Muerte; que velando
estás por mí en la muerte. Señor, acordaos de mí, y haz que
en este momento mí querer solo piense y venga a mí, Muerte Sagrada, como Señora invencible que eres haz que fulano
(a)........ no pueda gozar en sus paseos sin mí, ni comer, ni
dormir si a mi lado no está, que sus pensamientos sean sólo
para mí, lo mismo su voluntad y que me de la felicidad con
todo su amor. Amén.

(Se rezan 3 Padres nuestros)

Séptimo día

¡Oh! Santísima Muerte, hoy consuela mi corazón, quitándo-
me esta aflicción al mirar mi consorte, que deje todo cuanto
entretenga siendo mío hasta la muerte, mas líbrame de todo
mal, con el poder Titánico que Dios te dio, haz que gocemos
eternamente, de un glorioso día sin noches. Con la predicción
que me das divina majestad, te pido me concedas los favores
que yo deseo en ésta Novena. Amén.

(Se hace la Petición)

Octavo día

Milagrosa y Majestuosa Muerte, te pido que con tu poder
inmenso me devuelvas el cariño de fulano (a)........ No lo dejes

un momento sosiego, ni tranquilo con nadie se halle, que no esté contento con nadie, si está durmiendo me esté soñando, si está despierto su pensamiento esté en mí, que no tenga reposo te lo ruego humildemente, su cariño, su amor, su vida, estén conmigo hasta la muerte. Amén.

(Padre Nuestro y Gloria)

NOVENO DÍA
Dadle fin a ésta suplica
MUERTE PROTECTORA Y BENDITA:
Por la virtud que Dios te dio; quiero que me libres de todos los maleficios, de peligros y enfermedades, y que a cambio me des: SUERTE, FELICIDAD Y DINERO. Quiero que me des amigos y me libres de mis enemigos, haciendo también que fulano (a)........ se presente ante mí humilde a pedirme perdón, manso como un cordero fiel a sus promesas, que siempre sea amoroso y sumiso para toda la vida. Amén.

(Se rezan 3 Padres nuestros)

Es propio de una cultura como la mexicana donde la muerte es una costumbre, una tradición y hasta un juego de niños, que una figura esquelética que en otras culturas genera miedo, intimidación o estremecimiento, para millones de mexicanos empobrecidos y desamparados signifique lo contrario: un aliento de seguridad, una solaz esperanza, un soplo de ánimo y de consuelo en la noche oscura de estos tiempos de crisis.

Pancho Villa

●

Pancho Villa, el santo justiciero

Querido hermano, tú que supiste vencer a tus más fieros enemigos, haz que triunfe en mis más difíciles empresas. Me socorras en mi negocio y mis penalidades; a ti te invoco de todo corazón, así pues, te sirvas darme valor, tú que fuiste guía de los desamparados y sufridos, dadme tu pensamiento y tu osadía. Así sea.

Pancho Villa cabalga de nuevo, desde el sur de Estados Unidos y el norte de nuestro país hasta la Ciudad de México. Después de ochenta años de su muerte —que el historiador Friedrich Katz considera un crimen de Estado—, el espíritu del Centauro del Norte ha resurgido para atender las necesidades más apremiantes de quienes le piden ayuda.

Bandido de origen y, posteriormente, líder revolucionario, Villa ha despertado la fe de los mexicanos en ambos lados de la frontera. Chicago, Los Ángeles, Durango, Nuevo León, Coahuila y Chihuahua son algunos de los escenarios que han visto germinar la devoción en torno a este personaje.

El culto tiene por lo menos medio siglo de vida. Y los dueños de locales dedicados a la mercancía espiritista dan cuenta de la demanda de veladoras, imágenes e incluso lociones con su figura. Kristín Gudrún Jónsdóttir entrevistó a un miembro de la familia Ramírez Ortíz, propietaria de una yerbería en Durango, en la que afirma que la creencia villista nació en los años sesenta del siglo pasado, aunque admite que desde antes algunos curanderos, médiums y los sanadores llamados "cajitas", en el santuario del Niño Fidencio, invocaban el ánima del Centauro del Norte.

La investigadora habló con el curandero Alberto Salinas, quien le dijo que el del general de la División del Norte es "un espíritu ayudador por personas que conocen el mundo del curanderismo, en el ramo del espiritismo (…) existen materias que lo comunican".[1] Y también se reunió con María Elena Ruiz, propietaria de la yerbería Oaxaca, ubicada en Ciudad Victoria, Tamaulipas; ella dice que, junto con la Santa Muerte, el culto a Villa tiene una notable actualidad.

La tumba de Pancho Villa ubicada en Parral, Chihuahua —afirma Kristín Gudrún Jónsdóttir—, acaso no ha producido un centro de peregrinaje como es el caso de otros santos populares, por ejemplo Jesús Malverde, pero no cabe duda de que sus devotos acuden a su "santo" allí a juzgar por las veladoras, los exvotos, fotografías, certificados y cartas de agradecimiento que se encuentran alrededor de su tumba. Aunque no tenemos noticia de ninguna capilla dedicada al héroe nacional, nos hemos encontrado, en nuestros recorridos por "espacios sagrados" en el norte de México, en las tierras fronterizas y en el suroeste de los Estados Unidos, con

---

[1] Kristín Gudrún, *op. cit.*, p. 93.

sus veladoras ardiendo en varias capillas entre diversas imágenes de santos ortodoxos.

A diferencia de otras tumbas de santos populares, que en su mayoría se han convertido en santuarios, en la de Pancho Villa ni hay milagritos ni placas de agradecimiento prefabricadas. Eso puede indicar que aún no hay tanta comercialización y negocio relativo a este aspecto de la expresión religiosa a Pancho Villa. Abundan, sin embargo, certificados, tarjetas y carnets de varios tipos. Las cartas expresan en su mayoría agradecimientos por protección y curas de enfermedades.[2]

Desde hace tiempo, a los pies de la enorme estatua que está a la entrada de su pueblo natal, La Coyotada, en Durango, la gente llega a rezarle y a prenderle veladoras. Otros acuden la Escuela de Estudios Síquicos Doroteo Arango Arámbula, fundada hace 32 años, donde se ofrecen sesiones en las que el espíritu de Villa se hace presente, con ayuda de un médium o vestido como charro blanco. Juana Hernández Juárez, una vieja habitante de este lugar, montó la escuela en un cuarto de su casa y recibe a los peregrinos que van a buscar consuelo o sanación.

Doña Juana explicó al reportero Paris Hernández del periódico *Excélsior* que hay sesiones tres veces por semana.

Las actividades de la escuela —explicó— son dar consejos a las personas, dar sanación y enseñarles muchas cosas que ignoramos: lo psíquico. Los días de oración, vienen unas

---

[2] *Ibidem*, p. 92.

cinco o seis personas, a veces diez, no más. Y los días de sanación tenemos 15, tenemos 20, no es mucha la gente.

En su reportaje publicado el domingo 1 de junio de 2008,
el reportero recoge un dato interesante de parte de Esbardo
Carreño Díaz, cronista del municipio San Juan del Río, donde se encuentra La Coyota: desde 1950, aproximadamente,
empezaron a registrarse expresiones de fe a Villa, pero es hasta los ochenta, cuando el país atraviesa una terrible crisis, que
cobra mayor fuerza este fenómeno. La gente le pide lo mismo
encontrar sus animales perdidos en los cerros que recuperar
un amor perdido.

La documentación histórica sobre este personaje no ha
impedido que en el imaginario popular se hayan escrito cientos de historias que nutren su aparición como mito y leyenda.

El médico Rubén Osorio asegura que Villa fue hijo natural de Luis Fernando, un hacendado judío austriaco, con su
criada, Micaela Arámbula. Ella se casó más tarde con un hombre de apellido Arango, que lo reconoció y le dio su nombre,
José Doroteo Arango Arámbula.

Comenzó como bandolero a los 19 años de edad, luego de
que defendió a una de sus hermanas, quien sufrió un ataque
sexual del hacendado Agustín López Negrete. Supuestamente, Villa mató al finquero y tuvo que huir con una pandilla
comandada por un personaje llamado Francisco Villa. A la
muerte de éste, adoptaría el nombre.

También existe el rumor de que Villa firmó un contrato
millonario con los cineastas D. W. Griffith y Harry Aitken para
que se filmaran las batallas de su ejército y de esa manera producir una de las primeras películas de acción de Hollywood.

En 1923, cuando fue asesinado, comenzó una insólita historia de peregrinaje. Tres años después de su entierro la tumba fue profanada y se llevaron su cabeza, que nunca fue encontrada. Existen dos versiones al respecto. La primera es que fue comprada por Emil Holmand, un millonario estadounidense; la segunda, que la llevaron a la sociedad universitaria Skull and Bones, en Yale, para estudiarla.

Supuestamente, tras la profanación sus restos fueron trasladados a la tumba 634 del número 10 en el cementerio de Parral, con el fin de evitar otro sacrilegio. Entre las especulaciones, se afirma que los restos que fueron exhumados en 1976, durante el gobierno de Luis Echeverría Álvarez, para ser llevados a la rotonda en el Monumento a la Revolución de la Ciudad de México eran de otra persona. Los verdaderos quedaron al cuidado de José Cárdenas Ponce, en Parral.

Los descendientes del general se muestran asombrados cuando la gente se acerca a narrarles que su espíritu se les ha aparecido. Rosa Helia Villa, su nieta, le contó al reportero Paris Martínez que, mientras viajaba al pueblo de Roma, en Texas, una señora se le acercó para decirle que el ánima del general se aparecía en su comunidad cada vez que lo invocaban. Una de esas ocasiones se materializó con un traje de charro blanco, con botonadura plateada, para comunicar su deseo: ser el padrino de su primogénito. "Parecía un ángel", comentó la señora convencida de que su hijo era ahijado del Centauro del Norte.

En un reportaje publicado por la agencia española EFE, el reportero mexicano Juan Cedillo escribió que en la más común de las ofrendas a Villa, sus devotos colocan una vela y una copa de tequila delante de su foto. La creencia popular dice que, si se toma la bebida, el favor pedido se cumplirá.[3]

Como casi todos los santos populares, Pancho Villa vive ahora en el ciberespacio. Por internet se pueden comprar los elementos necesarios para un altar. Y la gente comparte oraciones como éstas:

Oh, Gloriosísimo revolucionario san Pancho Villa,
siervo fiel y defensor del pueblo,
tú que fuiste encarcelado, herido, perseguido por
soldados extranjeros, asesinado, cortado y robada tu
cabeza; tú que con la bondad de tus hazañas, derrotando
a los asesinos y traidores contrarrevolucionarios y
castigando a los explotadores, hiciste poderosos y fieles
a los pobres, nunca serás olvidado porque mucho se te
quiere; por eso se te honra e invoca como incansable,
combatiente y victorioso, santo patrón de los casos
difíciles y desesperados.

Querido hermano,
tú que supiste vencer
a tus más fieros enemigos,
haz que triunfe en mis más difíciles empresas.
Me socorras en mi negocio
y penalidades; a ti invoco de
todo corazón, así pues,
te sirvas darme valor, tú que

---

[3] Juan Alberto Cedillo, EFE, www.revistalaguia.com/photos/...a%20
_4%20a.jpg

fuiste guía de los desamparados y sufridos
dádme tu pensamiento y
tu osadía. Así sea.
(se rezan tres Padres nuestros y tres Ave Marías)

ORACIÓN A PANCHO VILLA
Al espíritu mártir de Pancho Villa,
Gran General Revolucionario.
En el nombre de Dios nuestro señor
invoco a los espíritus que te protejan
para que me ayudes,
así como ayudaste a los NECESITADOS,
así como venciste a los PODEROSOS,
así te pido tu protección espiritual,
para que me libres de todo mal
y me des el ánimo necesario
y el valor suficiente
para enfrentarme a lo más difícil
que se me presente en la vida.
Amén.
(RECE ESTA ORACIÓN 9 DIAS SEGUIDOS CON FE AL
CAER LA TARDE. Y CONSÉRVALA SIEMPRE AL LADO DEL
CORAZÓN PARA SU PROTECCIÓN)

Se trata de una fe evidentemente vinculada con el fracaso del actual proyecto social, las promesas incumplidas de la Revolución mexicana, que ha retornado como uno de los fenómenos religiosos más cruciales en México.

Emiliano Zapata

•

Emiliano Zapata, apóstol protector de los débiles

Zapata tenía una marca de nacimiento: un lunar que asemejaba una mano y que, según algunos, lo protegería del mal durante el resto de su vida, como lo narró Lucino Luna a la investigadora Berenice Granados.[1] Para inicios de la revolución, en San Miguel Anenecuilco, su pueblo natal, ya era considerado un héroe justiciero y fue nombrado "calpulelque", encargado de defender la tenencia de la tierra contra el gobierno.

En Morelos y algunos estados aledaños, como Guerrero y Puebla, se le llama "empautado" a la persona que tiene pacto con el Diablo, y se cree que Zapata era uno de ellos. Desde temprana edad se le consideraba como un elegido, predestinado a sobrevivir aunque estuviera en situaciones de peligro extremo. De él se ha afirmado, además, que contaba con la anuencia de la Virgen de Guadalupe.

---

[1] Berenice Granados, "Emiliano Zapata ¿Santo, 'empautado', dueño?", *Revista de Literaturas Populares*, año XII, núm. 12, julio-diciembre 2012, Facultad de Filosofía y Letras, UNAM, pp. 436-468.

Para muchos campesinos e indígenas, el líder agrarista es el santo de las luchas sociales, y hay historias populares que narran sus acciones milagrosas tanto en vida como desde el más allá.

Existe una historia en torno al nacimiento milagroso de Zapata que el señor Martín Gadea, quien se comunicaba en lengua náhuatl, le comunicó al antropólogo Alfredo Maya en Tepalcingo. La narración fue publicada en 1991, en las páginas de *El Cuexcomate*, suplemento del diario *El Regional del Sur*.

Llegaron de lo alto una señora y un señor a la casa de una mujer que estaba moliendo para llevarle de comer a su marido en el campo —contó el señor Gadea—. Le dijeron que si podía ayudarles y que el muchacho que tenía chiquito todavía en su barriga ya nacería [...].

También le anunciaron que irían al día siguiente otra vez a la misma hora. Al otro día llegaron y le dijeron: "mire ya venimos otra vez", y dándole el libro agregaron: "Este libro no lo vas a dar a tu abuelo ni a ninguno, este libro lo vas a dar a tu hijo cuando nazca, ¡va a nacer Zapata!" [...] También le dijeron a la madre que el bebé sería hombre y no mujer y sería valiente contra los españoles a quienes "correría pa' su rumbo" [...]

Llegó el día y nació el chiquito y en su almohada, junto a su cabecera, tenía el libro. La mujer no le dijo nada al marido del libro y ella tampoco se enteró de lo que decía, porque así lo habían indicado los que llegaron de lo alto. Días después los dos seres repitieron su visita y le dijeron a la mujer: "Ya llegará la hora en que sea un hombre, no le vayas a dar el libro de niño, se lo tienes que dar cuando sepa guardar los papeles". La madre siguió las indicaciones y puso el libro nuevamente en la almohada, sin darse cuenta de lo que decía. Ese mismo día, dice la leyenda, la madre de Emiliano tuvo un sueño donde le dijeron: "Tu hijo no se va a morir, ninguna bala le va a pegar, él va a ser valiente contra los españoles por las tierras que están agarrando, los va a correr de todas las haciendas" [...] Y llegó el día en que Zapata se hizo hombre. Tenía 19 años cuando su mamá sacó el libro de donde lo tenía guardado y le dijo:

—Hijo, aquí está tu libro.

Y el muchacho preguntó: "¿De dónde lo sacaste?"

—Sólo Dios sabe, guárdalo, no se lo confíes a nadie, respondió la madre.

—¡Está muy bien! —exclamó Zapata, dirigiéndose a un rincón para mirar el libro y después de leerlo dijo—: ¡Está bueno, empezaré la Revolución![2]

Por su parte, Víctor Hugo Sánchez Reséndiz recoge otro relato, según el cual Zapata llevaba al diablo tatuado en toda la espalda; la cola pasaba debajo de sus piernas y en el pecho llevaba a la Guadalupana. Sus generales —como Barona, Genoveno, Marino y Amador— lo imitaban para obtener protección.[3]

---

[2] Víctor Hugo Sánchez Reséndiz, *De rebeldes fe: identidad y formación de la conciencia zapatista*, Cuernavaca, Instituto de Cultura de Morelos, La Rana del Sur, 2006.

[3] *Ibidem.*

Detrás de esta extraña alianza, lo que hay es una importante diferencia cultural. Zapata estaba amparado por deidades prehispánicas, pero la jerarquía católica las satanizó y las combatió afirmando que eran diabólicas. En Morelos la religión católica fue impuesta por los españoles a sangre y fuego. Los dioses originales fueron sustituidos por los santos, pero en la tradición, en los usos y costumbres de la gente, quedó impregnada la creencia en los antiguos hombres-dioses, linaje al que Zapata pertenecía.

Como todos los "empautados" Zapata tenía el don de la ubicuidad. La gente aseguraba que lo había visto en diferentes lugares al mismo tiempo. Lo veían vestido de pantalón entallado color negro y botonadura de plata, con chaquetín, sombrero enorme y montado en un caballo cuyos ojos relumbraban. Cargaba con una piedra de jade como amuleto, que, supuestamente, fue robado décadas más tarde por el presidente Carlos Salinas de Gortari, admirador del Atila del Sur, como le llamaban sus enemigos. Quien lo asegura es la señora Emilia Espejo, pues ella lo había regalado previamente al Museo de Tlaltizapan.[4]

La irrupción del general del Ejército Libertador del Sur en el proceso revolucionario se explica, desde esta perspectiva, porque recibió mensajes celestiales que lo llevaron a tomar las armas. El señor Anastasio Zúñiga lo relata de esta forma a Berenice Granados:

Había uno, pero no me acuerdo bien ya, en Tetelcingo, que decía que, que a Zapata, antes de que se juera a la Revolución,

---

[4] Berenice Granados, *op. cit.*

se le apareció un santo y le dijo que se juera a la Revolución sin ningún temor, que él no iba a morir en la Revolución, porque no había ni una bala pa él. Y a lo mejor no murió por eso en la Revolución. Que no había ni una bala pa él, que no tuviera cuidado, que él no iba a morir. Pero, pus, luego no cree uno en los milagros. Luego no cree uno en los milagros.[5]

Esta aura lo acompañaría de forma permanente. En el pueblo de Tlaltizapan existe una leyenda que refiere cómo fue protegido por el Cristo de la iglesia para que pudiera escapar del ejército carrancista que lo tenía acorralado.

Tlaltizapan fue el cuartel general del Caudillo del Sur desde abril de 1916. Los pobladores lo querían y protegían ante las fuerzas de Venustiano Carranza, encabezadas por el general Pablo González Garza, que comandó una expedición de más de 30 mil hombres para perseguir a Zapata por todo el territorio de Morelos y tomó represalias en los pueblos de influencia zapatista.

Los carrancistas bloquearon todos los accesos de Tlaltizapan. Llegó el momento en que tenían cercado a Zapata; su cuartel estaba prácticamente destruido y parecía inminente su captura. En cierto momento, se abrieron las puertas de la iglesia, de donde emergió un hombre vestido con una túnica blanca que blandió una capa enfrente del ejército, provocando una enorme nube de polvo que los cegó por un tiempo. Cuando se disipó, Zapata ya había logrado huir.

La reacción del general González Garza fue iracunda. Impuso la Ley Sumaria en el pueblo: ejecutó a 268 hombres,

---

[5] *Ibidem.*

mujeres y niños que se atrevieron a salir a la calle violando el estado de sitio que había dictado. No contento con eso, el militar ordenó a la tropa quemar la iglesia; antes debían bajar al Cristo de la cruz y llevarlo por la calle a rastras, como castigo por su traición y la ayuda brindada al líder campesino.

Los soldados cumplieron las instrucciones de su general y el Cristo terminó colgado de un árbol. Pero días después apareció de nuevo en su lugar del templo. Esto caló en la memoria de los pobladores de forma tan profunda que, años más tarde, el atrio fue elegido como el sitio ideal para construir un mauseoleo, destinado a honrar los restos de todos los comandantes del Ejército Libertador del Sur, con excepción de los de Zapata. Los habitantes de Tlaltizapan afirman que él continúa cabalgando en su caballo blanco por la sierra de Morelos. Desde entonces le rezan aquellos que necesitan fuerzas para continuar en la lucha social.

Otros testimonios aseguran que no murió el 10 de abril de 1919. Por el contrario, emprendió un viaje a Arabia, con uno de sus compadres, y logró evadir de esta manera la trampa que le tendió el general Guajardo en la hacienda de Chinameca, sitio que la historia oficial marca como el escenario de su asesinato. Quien habría muerto en su lugar fue Jesús Salgado, prácticamente su doble, pero sin la marca de nacimiento mítica.

De acuerdo con esta narración, que Alicia Olivera plasma en un artículo de 1975, el guerrerense Salgado se sacrificó voluntariamente. Reunido con Zapata en el rancho Los Limones, lo convenció de que le diera su ropa para que hacerse pasar por él. Una prueba de ello es que en las fotografías el cadáver aparece con las manos completas; sin embargo, a Zapata le faltaba el dedo meñique, pues lo perdió cuando intentaba domar a un toro y una soga lo cercenó en Moyotepec.[6]

Algunas de las tareas titánicas que se esperan de san Emiliano es que acabe con los infortunios y castigue a los traidores a la patria. La gente también le reza para que cuide el agua, el aire y la tierra.

En una estampa naif se le ve representado con su sombrero y chaquetín negro, su espeso bigote y su mirada penetrante, rodeado con unas flores de colores que lo adornan y dos querubines bigotones, con las alas tricolores de la bandera nacional, agarrando una manta que dice "viva el santo señor Zapata". Al fondo, su figura es resaltada por las cimas nevadas de los volcanes Popocatépetl e Iztaccíhuatl. Y detrás de la pequeña estampa se encuentra la "Oración a San Emiliano Zapata":

> Generalísimo Apóstol protector de los embates,
> infortunios y calamidades de los pueblos,
> intercede por tu servidor aliviando las penas que nos
> acongojan. Por la justicia que
> caracterizó a tu persona, amedrenta a los
> infieles que hacen daño a la Patria.
> Protector de los débiles,
> huérfanos y viudas socórreme en las causas populares.
> Santo Patrono del Ejército Liberador del Sur,
> por la gracia ilimitada con que
> inspiraste a los más, te pido fuerza para
> encarar los días oscuros, concédeme

---

[6] *Ibidem.*

el coraje para soportar los sufrimientos.
Santo Caudillo del Sur, devuélveme la certeza de que
luchando es posible un mejor mañana.
San Emiliano Zapata, tú que eres el Santo de las tierras,
aguas y aires de Morelos, reconoce el esfuerzo de tu humilde
servidor, ampáralo y protégelo
para que no abandone la fe.
Éste es el honesto anhelo de mi alma.
San Emiliano Zapata, defensor de los pueblos y
sus luchas, ruega por nosotros.
(Repetir tres veces)
En el nombre del Padre, del Hijo y del Espíritu Santo,
Amén.

De esta manera, un siglo después de su muerte, el espíritu del
general Zapata Votán, Zapata Quetzalcóatl, Zapata Revolucionario ha regresado de las montañas del sur de México
para acabar con la negra noche de millones de mexicanos
que siguen padeciendo hambre, desempleo, enfermedades
y que exigen justicia, igualdad y bienestar social.

Benito Juárez

●

Benito Juárez, patrono de la justicia

El 11 de abril de 2008 las calles de Guadalajara fueron el escenario de una protesta política. Las personas salieron a repudiar el llamado "limosnazo", la donación de 90 millones de pesos que el entonces gobernador de Jalisco, Emilio González, ofreció al cardenal de la entidad para construir el santuario de los mártires cristeros. Fue, también, la primera ocasión en que se vio al Juárez-Guadalupano, una pancarta que mezclaba la imagen del Benemérito de las Américas con la Virgen de Guadalupe, transgrediendo símbolos sagrados: Juárez, el padre del liberalismo; la virgen, símbolo de la unificación nacional, unidos para expresar la protesta cívica y defender al Estado laico.

No hay hasta ahora más imágenes de Juárez santificado. Pero ésa no fue la primera vez que apareció en un contexto religioso. En Oaxaca, su estado natal, poco a poco se ha ido transformando en un santo popular al que la gente le pide protección en medio de la crisis y la violencia.

En la cima del Fortín, el cerro donde cada año se celebra la fiesta de la Guelaguetza, hay una estatua de Juárez. La gente sube para dejar veladoras a sus pies y encomendarse a su espíritu. También en su natal Guelatao se ha convertido

paulatinamente en un centro ceremonial, particularmente el
21 de marzo, día de su natalicio.

Benito Juárez es una de las figuras más importantes de la
historia nacional. Además de establecer las Leyes de Reforma
con la promulgación de la Ley de Nacionalización de los Bienes Eclesiásticos, en 1859, encabezó la guerra contra la Segunda Intervención Francesa en México (1862-1867), renegoció
la deuda externa, promovió la inversión extranjera, apoyó
a las empresas privadas, alentó la minería y redujo los gastos
militares, con lo cual ayudó a impulsar la economía nacional
que estaba en crisis; además, difundió la educación gratui-
ta, obligatoria y laica por todo el país; y amplió y mejoró los
ferrocarriles, las carreteras, los puertos y telégrafos. Fue el
primer presidente indígena en América Latina y el único en
México. A casi dos siglos, sus frases permean en la vida política y social del país.

No hemos encontrado rezos especiales a él; tampoco hay
escapularios, medallas, veladoras u otras imágenes religiosas,
pero esto no quiere decir que no posea su lugar dentro de
los fenómenos de la fe. Ha despertado devociones porque
su espíritu se ha manifestado, anunciando nuevos y mejores
tiempos para los más necesitados.

Así ocurrió con Valentina del Campo, indígena chatina,
que vive en Santiago Yaitepec, Oaxaca, una localidad que
colinda con Santa Catarina Juquila, de donde es la famosa virgen del mismo nombre, venerada por 2 millones de personas.
En ese pueblo viven varios curanderos y gente que practica
la medicina tradicional, incluso la senadora Cirila Sánchez y
el ex gobernador José Murat han acudido a esas tierras para
recibir limpias y otros trabajos.

Un día, Valentina sintió que sus hijos estaban en peligro, así que fue a Juquila a ofrendarle una misa a la virgen. Sus oraciones surtieron efecto. La virgen le confirmó que los caciques del pueblo pretendían dañar a sus vástagos. Para evitarlo, esa misma noche la visitaría en sueños y le revelaría un mensaje trascendental, que debía atender si quería cuidar a sus hijos.

En el sueño, la virgen le pidió a Valentina partir rumbo a la montaña y buscar a la Santa, es decir, escuchar a los espíritus a través de los hongos. Pocos días después, Valentina emprendió su travesía por la sierra mazateca y comió el primer hongo que correspondía con las señales de la virgen. La Santa, como se le llama a los hongos —Niño Santo es otro de sus nombres—, le dio la visión de cómo serían dañados sus hijos y la manera en que podía evitarlo. Era indispensable que se encomendara al espíritu de Benito Juárez, que tiene gran poder, una fuerza grandiosa y libertaria, que cada vez era mayor.

En esa experiencia, la virgen no sólo le advirtió que debía proteger a sus hijos; le pidió, además, que velara por el encargado de las oficinas del Instituto Nacional Indigenista (INI), Armando Contreras Castillo, quien desde hacía poco había llegado a ese puesto desplazando a los caciques de Juquila.

Valentina ofreció una misa a la virgen, encomendó a sus hijos al espíritu de Benito Juárez, pero se le olvidó hablar con el funcionario. Cuando se presentó ante él, tuvo que aclararle que había desobedecido a la virgen; para resarcir su falta, lo invitó a que la visitara en su casa. Llevaría a cabo una ceremonia con el maíz para que él supiera cómo defenderse.

Armando Contreras cumplió la visita. Rememora cómo Valentina escogió una mazorca de regular tamaño y la desgranó

mientras entonaba algunas oraciones católicas en lengua chatina. Luego puso los dientes de maíz en un pañuelo y le pidió
al funcionario que le dijera exactamente qué era lo que quería.
Acomodó varias veces los granos hasta comprender claramen-
te lo que comunicaban los espíritus.

Le encargó organizar una misa en honor a la virgen de Juquila, luego viajar a otras iglesias, pues se enfrentaba a enemigos tan poderosos que necesitaba el auxilio de diversos santos.
Debía, por último, ir a Guelatao, donde había nacido Benito
Juárez, en 1806, para hacer una ofrenda y entregarse a su espíritu. "Benito Juárez es un espíritu que está caminando, cada
vez es más fuerte y poderoso, puede ayudar a la gente, hay que
aprovecharlo", le dijo la indígena.

Armando siguió todas las instrucciones al pie de la letra
y lo anunciado por Valentina se cumplió. Diez días después,
un grupo de caciques de la región fue a amenazarlo a sus oficinas del instituto. Le exigieron que renunciara y le presen-
taron una carta supuestamente firmada por las comunidades
para que se marchara. Estaban acompañados por hombres
armados, quienes sin ambages lo amenazaron de muerte si se
resistía a irse.

Sin oponer resistencia, el funcionario dejó el instituto y
las obras que estaban pendientes, como la inauguración de
una gasolinera en Juquila. Valentina le aclaró después que el
espíritu de Juárez lo había protegido al hacerle ver que debía
partir de inmediato; además, le pidió que le rezara a la Virgen
de la Soledad y a la de Guadalupe, para que de ahí en adelante
quedara bajo sus mantos protectores.

El funcionario quedó asombrado de lo que puede ser
una paradoja muy fácil de advertir: Juárez, el personaje más

herético de la historia nacional, se ha convertido en un espíritu al cual rezarle.

Mucho tiempo antes, Francisco I. Madero realizó una sesión espiritista, a las que era proclive. En ellas, solía escuchar atentamente el mensaje que le transmitían las ánimas y luego lo transcribía. El 16 de noviembre de 1908, el espíritu de Benito Juárez le asignó una misión sumamente especial: prepararse para la revolución que ya estaba en puerta contra el gobierno de Porfirio Díaz.

El espíritu se le había manifestado anteriormente, pero sin identificarse; sólo hasta aquel día le habló con claridad. Según algunos autores, como José Natividad Rosales, el ánima de Juárez le auguró éxito en su destino y anticipó que Madero escribiría un libro que marcaría el proyecto revolucionario: *La sucesión presidencial*, que en 1910 fue el instrumento para difundir por todo el país el ideario maderista.

La carta juarista dice lo siguiente:

Queridísimo hermano:

Hace tiempo le ofrecí que al estar usted en buenas condiciones vendría a hablar con usted.

Ahora está usted en las condiciones deseadas, y puesto que sus ocupaciones le han dejado un pequeño momento libre, lo apresuro para hablar con usted, cosa que hacía tiempo deseaba.

Principiaré por felicitarlo muy cordialmente por los triunfos que ha obtenido sobre usted, los cuales lo ponen en condiciones de emprender con éxito la obra colosal de reestablecer la libertad en México.

Ardua es esa empresa, pero usted está a la altura de la situación para llevarla felizmente a la cima.

El triunfo de usted va a ser brillantísimo y de consecuencias incalculables para nuestro querido México. Su libro va a hacer furor por toda la República: como una corriente eléctrica va a impresionar fuerte y profundamente, a todos los sacará del letargo donde están sumidos.

La obra consecutiva será de importancia suma, pero la verdad es que todo descansa sobre la poderosa impresión que va a causar el libro.

Ya hemos dicho que el general Díaz le va a causar una impresión tremenda, le va a infundir verdadero pánico, y su pánico paralizará o desviará todos sus esfuerzos.

Usted ha de comprender que si trajo esa misión es porque habíamos acordado desde antes de que usted viniera al mundo los medios necesarios para que la llevara a cabo con éxito.

Para ese objeto, hace tiempo que estábamos trabajando y preparando todo, y ahora ya está, los espíritus preparados, ya nomás falta la poderosa corriente eléctrica que producirá su libro para entrar en actividad. Para que obtenga un resultado completo, expongo todo su plan, inclusive la parte que ha de tener Coahuila en la fragua a fin de que levante el entusiasmo de los coahuilenses y prepare a la República, a fin de que cuando ustedes la inviten formalmente por medio de una proclama, ya estén organizados muchos clubs y los espíritus bien preparados.

Yo creo a usted no le conviene otra práctica que el ataque de frente leal y vigoroso. Con esa fuerza irresistible de la sinceridad atraerá usted a su derredor todos los elementos sanos del país.

Ya sabe usted que, así como para el odio hay que oponer el amor, asimismo para la mentira hay que oponer la verdad, y para la hipocresía la sinceridad, la franqueza.

Usted tiene que combatir a un hombre astuto, falso, hipócrita. Pues ya sabe usted cuáles son las antítesis que debe proponerle; contra astucia, lealtad; contra falsedad, sinceridad; contra hipocresía, franqueza.

Con estas fuerzas paralizará por completo las del enemigo; no sólo son poderosas y pueden actuar en un medio semejante a ellas, en un medio en que encuentran afinidad.

Tenga usted una fe inquebrantable en la justicia de su causa, en la seguridad de que cumple con el deber sagrado, y serán tan poderosas las fuerzas que se aglomeran a su derredor, que mucho le facilitarán su empresa y le permitirán prestar a su propia patria inmensos servicios.

Con gusto volveré a hablar con usted cuando me llame, pues formo parte del grupo de espíritus que lo rodean, lo ayudan, lo guían para llevar a feliz coronamiento la obra que ha emprendido.

Que nuestro Padre Celestial derrame sobre su cabeza sus tesoros de amor y de Bondad.

B. J.[1]

He aquí que el espíritu de Juárez aparece precisamente en esos momentos de crisis previos a la Revolución y un siglo después comienza a aparecer una vez más —como el de Villa y Zapata— cuando el país está sumergido en una crisis estructural posiblemente peor que la de entonces.

[1] Francisco Ignacio Madero, *Obras completas de Francisco Ignacio Madero. Cuadernos espíritas 1900-1908*, México, Clío, 2000, pp. 253-255.

Nazario

●

Archivo personal del autor.

Nazario, el santo de Los Caballeros Templarios

El enérgico vínculo entre la delincuencia y la fe que profe-
san quienes la ejercen parece incomprensible ante los ojos de
algunos. Quizá no lo sea tanto cuando consideramos, más allá
de las costumbres y las tradiciones culturales, que esas personas se exponen a grandes peligros y buscan el resguardo de
una energía que rebase el poder que poseen, y que se disputan
constantemente con otros grupos.

Los casos más conocidos posiblemente son los grupos
mafiosos de Italia, a los que el credo católico les brinda ar-
ticulación, códigos de ética, fortaleza, unidad, cohesión y,
sobre todo, sentido de pertenencia familiar que los lleva a
defenderse bajo cualquier circunstancia.

Los integrantes de la 'Ndrangheta calabresa, por ejemplo,
tienen un ritual de iniciación para ingresar al grupo. Se trata
de una especie de "bautismo" que consiste en derramar sangre en la imagen de san Miguel Arcángel y luego quemarla.
Así se comprometen ante Dios y la familia a ser parte del grupo al que defenderán y respetarán frente a cualquier enemigo
o adversario.

En Colombia, los jefes de los cárteles le rezan a María
Auxiliadora, llamada la Virgen de los Sicarios por el escritor

Fernando Vallejo, para pedirle cuidado ante sus adversarios, policías y soldados. Y en el pueblo de Sabaneta le imploran protección cada vez que pretenden eliminar a algún enemigo, político o empresario.

En México, los diferentes grupos y personajes dedicados al crimen organizado —narcotraficantes, secuestradores, comerciantes de ropa, música y películas, cultivadores de amapola y mariguana, sicarios y halcones— han expresado un fuerte sentido religioso que incluye en especial a la Virgen de Guadalupe, san Judas Tadeo, Jesucristo, la Virgen María, la Santa Muerte, Jesús Malverde y los ritos de la santería caribeña, como el vudú.

Son muy creyentes, incluso supersticiosos. No sólo experimentan su fe; también donan millones de pesos a la iglesia de su pueblo o construyen mausoleos suntuosos en los panteones de su comunidad para ser recordados como celebridades. Y experimentan el sentimiento tribal de pertenencia a un grupo, que les impulsa en su vida de funámbulos, después de todo, caminan sobre la tenue línea que separa la vida y la muerte; cualquier movimiento en falso significa caer de la cuerda, que pende en la cumbre del poder.

Un caso especial es el de Los Caballeros Templarios de Michoacán que, como ningún otro grupo, tuvo a su propio santo: Nazario Moreno, el Pastor, el Más Loco o el Chayo, quien organizó a la llamada Familia Michoacana, y luego a Los Caballeros Templarios. Desde entonces mostró su inaudito carisma, que lo llevó a santificarse a sí mismo. Esto ocurrió hacia diciembre de 2010, cuando el gobierno de Felipe Calderón aseguró que había sido acribillado en un enfrentamiento con las fuerzas armadas. Mas resultó falso: logró escapar y se encontraba refugiado en la sierra, desde donde seguía teniendo el control de su organización.

Para entonces Nazario ya había escrito los libros autobiográficos *El Chayo o el Más Loco* y mandó a escribir rezos para que sus adeptos cantaran mientras llevaban en sus manos los rosarios con su imagen estampada. Una de estas oraciones a dice lo siguiente:

Oh, Señor todo poderoso,
líbrame de todo Pecado,
dame protección Bendita
a través de San Nazario.
Protector de los Más Pobres,
caballeros de los Pueblos,
san Nazario danos vida,
oh bendito Santo eterno.
Luz Bendita de la Noche,
defensor de los enfermos,
san Nazario Santo Nuestro,
siempre en ti yo me encomiendo.
Gloria a Dios Padre,
te dedico mi rosario,
danos salud y más trabajo,
abundancia en nuestras manos,
que nuestro Pueblo esté Bendito,
Yo te pido, San Nazario.

Las capillas donde le rezan los miembros de ese clan criminal fueron construidas por orden suya, y en todas se encuentra su efigie de tamaño natural, con un rostro similar al de

Jesucristo; tiene una túnica blanca y una enorme cruz roja
enfrente, como la que usaban hace siglos los Templarios, que
en la época medieval defendieron a los cristianos en su camino a Jerusalén. Además, blande una espada.

Algunas de estas figuras estaban chapeadas en oro y brilla-
ban ante cualquier destello de luz. En 2013, las Autodefensas
Ciudadanas liberaron del dominio de Los Caballeros Templarios los pueblos de Nueva Italia, Buenavista Tomatlán,
Tepalcatepec o Parácuaro —donde nació el cantante Juan
Gabriel—; el ejército y la policía aprovecharon este reacomo-
do de fuerzas y destruyeron capillas y bustos.

Un año antes, Francisco Castellanos, corresponsal del
semanario *Proceso*, tuvo la oportunidad de visitar una de las
capillas que había en la comunidad de Holanda, municipio
de Apatzingán, donde presuntamente fue abatido Nazario
Moreno. Y fue testigo de una ceremonia en la que medio cen-
tenar de personas rendían culto al jefe de los Templarios.

Castellanos llegó acompañado de Edgardo Morales Sher-
tier, quien había escrito un pequeño libro: *Los Caballeros Templarios. Un movimiento insurgente*. En él hacía una defensa de
este grupo como un movimiento social. Ambos periodistas
recibieron el permiso para llegar hasta el lugar donde había
una hilera de 37 cruces, en memoria de los enfrentamientos
ocurridos en el mismo sitio el 9 de diciembre de 2010. En
una, de casi dos metros de altura, se encontraba la siguiente
inscripción: "Nazario Moreno González, alias El Loco, nació
08/mar/1970, falleció 09/dic/2010".

Las cruces —narra Castellanos— estaban colocadas frente
a una capilla tenuemente iluminada por una lámpara. En el

pedestal reposa una estatua artesanal de oro de 18 quilates e incrustaciones de brillantes con la efigie de san Naza, como se conoce ahora a Nazario Moreno, a quien los pobladores de la zona llamaban indistintamente el Loco o el Chayo.

Así, entre las imágenes de Cristo, el Sagrado Corazón de Jesús, el Señor de la Misericordia, san Judas Tadeo y la misma Virgen de Acahuato estaba enmarcada la figura de Nazario.

"Luz bendita de la noche, defensor de los enfermos, San Nazario, santo nuestro. Siempre en ti, yo me encomiendo…", encontraron a la gente rezando en procesión desde la entrada a Holanda. Niños, jóvenes, mujeres y ancianos llevaban flores, veladoras y estampas donde el narcotraficante adoptaba una figura similar a la de Cristo, con perlas brillantes en el cinturón. Llevaban también ejemplares de *Me dicen el Loco. Diario de un idealista*, su autobiografía.

Uno de los devotos dijo a los reporteros:

Lo queremos hacer santo. Ya mandamos a hacer 5 millones de estampas de san Nazario para repartirlas entre sus fieles. ¿Eso también es un delito? Si la iglesia lo quiere reconocer, mejor. Si no, de todas formas esto ya no lo para nadie. El culto a san Nazario crece. Somos muchos los seguidores y hay capillas en los 113 municipios de Michoacán; también en Guerrero, el Estado de México, Hidalgo, el Distrito Federal, Puebla, Guanajuato, Querétaro y otros estados.

No queremos competir con ese de Sinaloa, Jesús Malverde. Nazario no era narco. Sí estaba un poco loco, pero ayudaba a todas las poblaciones: prestaba dinero a los campesinos sin cobrarles rédito. Y ellos le pagaban cuando levantaban su cosecha. También repartía láminas, molinos, aparatos eléctricos, de línea blanca.

Conocido también como El Pastor, Nazario Moreno nació en Apatzingán y, según su propia autobiografía, su familia, compuesta de 12 hermanos, vivió en la pobreza hasta que decidieron migrar a Estados Unidos.

Católico primero y luego evangélico, a fines de los ochenta Nazario trabajó en Redwood, San José, Fresno y Palo Alto, California. Ahí comenzó a vender mariguana en parques, escuelas y reservas de indios. En 1987 regresó a Apatzingán, donde continuó con el negocio de la siembra y venta de mariguana que comerciaba con compradores de Guadalajara, Puebla e Hidalgo. Al mismo tiempo, vendía autos usados de Estados Unidos en Michoacán. En sólo un año ganó 2 millones de dólares.

En 1989 se fue a vivir a Río Grande, Texas, continuando con sus negocios. En noviembre de ese año viajó a Apatzingán y fue detenido por riña con arma de fuego. Pasó un corto periodo en el penal de Morelia. Al salir de la cárcel, ese mismo año, regresó a Texas y continuó con los negocios de autos. En 1992 se trasladó a California pero sin abandonar del todo el territorio texano.

De acuerdo con reportes estadounidenses, su primer antecedente con el narcotráfico data de 1994, fecha en que fue capturado por vez primera en McAllen, Texas, por transportar droga desde Reynosa, Tamaulipas, bajo las órdenes de su mentor, Carlos Alberto Rosales Mendoza, El Tísico.

Prófugo, Nazario regresó a México para iniciar un negocio de venta de sombreros rancheros hechos en Guanajuato, que exportaba a Texas, California y Atlanta. En la Ciudad de México fundó la agrupación Servitaxis Constituyentes.

Para superar sus viejos problemas de alcoholismo decidió entrar al grupo Alcohólicos Anónimos. Ahí, según reconoció él mismo, descubrió su devoción por el mundo espiritual y su afición por el estudio de las sociedades secretas.

> Me relacioné —dice— con grupos que profesaban ideales secretos de superación mundial con ramificaciones en muchos países, especialmente Francia, Hungría, Rusia (...) También en este tiempo fue cuando sentí el llamado de Dios, iniciando el estudio de la Biblia, como lo hacen los verdaderos teólogos, profundizando en el entendimiento de la vida, mensaje y filosofía del maestro de Galilea.

A partir de entonces, Nazario tomó "su vocación de servir al prójimo" y trataba de combatir "a los verdaderos azotes de la humanidad: la ignorancia, la injusticia y la mentira". Pero no sintió necesidad de abandonar el jugoso negocio del narcotráfico.

La Corte Federal del Distrito Sur de Texas, con sede en McAllen, libró una orden de aprehensión en su contra por realizar seis transacciones de droga entre el 15 de junio de 2002 y el 21 de agosto de 2003. Se le acusaba de introducir más de cinco toneladas de mariguana.

Nazario huyó a Michoacán, donde formaría una alianza con El Tísico. Fundaron La Empresa y luego, cuando se les unió Servando Gómez, la Tuta, hacia 2006, crearon La Familia Michoacana. Aun dedicado a su nueva organización, no dejaba de difundir la palabra de Dios.

Además de su autobiografía, escribió *Pensamientos de La Familia*, donde expone sus confesiones y su visión del mundo, con el objetivo de que los jóvenes comprendan el camino a la salvación y la superación personal. Sus publicaciones, con al menos 20 mil ejemplares, se repartían en todos los pueblos de la región e incluso llegaban a las oficinas del gobierno estatal.

Los integrantes de La Familia Michoacana los leían asiduamente, junto con algunos más: *Las 21 cualidades indispensables de un líder*, de John C. Maxwell; *Liderazgos con propósitos*, de Rich Warren, y *Sé todo lo que puedes saber*, de John Eldredge, líder cristiano fundador de la secta de los Ministerios de los Corazones.

Los libros de Nazario son una mezcla de pasajes de su vida, con enseñanzas esotéricas de China, India, Grecia y Egipto. En ellos habla de sus viajes iniciáticos vestido de pobre por todo el país, "parecido al Ché Guevara"; y revela que el nombre de La Familia Michoacana retomaba el de una agrupación que formó en 2000, para ayudar a la gente.

Nazario convocaba a los jóvenes a dejar todos los vicios. Sus pensamientos eran la base del adoctrinamiento que se imponía a quienes se recluían en los centros de rehabilitación que construyó. En realidad, estos centros servían de escuela de cuadros para la formación de sus próximos sicarios. Según sus propias estimaciones rehabilitaron a 47 mil personas en tres años.

Se dio a la tarea de buscar maestros rurales o personas que formaron parte del Consejo Nacional de Fomento Educativo (Conafe). Ellos debían difundir las obras de Eldredge y los "pensamientos" del propio Nazario en pueblos de Michoacán. Así controlaría mejor la mentalidad y motivación de quienes estaban bajo su mandato. Para completar el trabajo, designó a Rafael Hernández Cedeño, El Cede —ex agente del Ministerio Público (MP)— como "instructor" en los albergues.

En el 2009, El Cede fue detenido y declaró que durante 2008 se encargó de formar a más de 9 mil cuadros que se incorporaron a la organización. De acuerdo con su declaración, el adoctrinamiento consistía en cursos de "superación personal, valores, principios éticos y morales acordes a los fines de La Familia". El albergue Gratitud A. C., ubicado en Apatzingán, funcionaba como una especie de oficina central. Ahí los nuevos cuadros eran escogidos según sus habilidades y llevados a otros centros de meditación que estaban ubicados en casas o ranchos particulares en Santa María, Tarímbaro; Pátzcuaro, Erongarícuaro, Santa Clara del Cobre y Acuitzio, entre otros.

Nazario se defendió escribiendo:

> De mí han propalado algunos medios de comunicación, azuzados por el gobierno, las versiones más terribles que en la realidad nunca me hubiera atrevido a realizar. Ellos me han creado una fama de perverso, de ser un hombre sin sentimientos y sin escrúpulos. Han llegado acusarme de que yo me siento un dios, un santo, un espiritista y quién sabe cuántas sandeces más, con el único fin de ridiculizarme y ocultar mis verdaderas metas sociales.
>
> Sinceramente, he de reconocer que sí han logrado exhibirme como una persona despreciable, pues he comprobado en reiteradas ocasiones que mucha gente tiene una imagen negativa de mí. Como dicen en el rancho: "Me han hecho un perro del mal".

Explicaba también que La Familia Michoacana daba "terapia y ayuda de superación" a sus integrantes. Y explica que este nombre se lo dio porque, por definición,

> la familia es un concepto que se refiere a un grupo homogéneo, a una misma clase social, a una cultura, tradición; misma sangre, mismo linaje, mismos intereses e iguales objetivos (…) No recuerdo en qué fecha, por qué motivo o razones los medios de comunicación al servicio del gobierno iniciaron la campaña de desprestigio diciendo que el grupo que yo dirigía era una bola de narcotraficantes y empezaron atacarnos por todos los francos (*sic*) y quemarnos ante los ojos de la sociedad.

Y continúa:

> Nos involucraron en actividades del narcotráfico y de pronto ya estábamos siendo perseguidos como si fuéramos perros rabiosos. Las noticias que pasaban por la televisión y la radio eran tan venenosas que pareciera que se conjugaron en mi persona todos los Jinetes del Apocalipsis.

Escribió que al ser perseguido con tanta saña y odio por el gobierno de Felipe Calderón, se sintió "acorralado e incapacitado" para demostrar su "inocencia", por lo que tuvo que refugiarse en las montañas de su pueblo.

Según él, para defenderse de la persecución federal contactó a "políticos de importancia, empresarios, productores agrícolas y ganaderos, dirigentes de organizaciones de derechos civiles, sindicalistas, restauranteros, e incluso funcionarios del mismo gobierno de Felipe Calderón y hasta algunos jefes policiacos".

> Poco después de remontarme en los montes, nuestros simpatizantes y las redes de apoyo nos hicieron llegar docenas, después cientos y al último miles de armas de diferentes calibres para que el brote de rebeldía no se extinguiera y siguiéramos con nuestra bandera de reivindicación social.

En la montaña, añade:

> protegido por miles de campesinos y cientos de hombres armados, me dediqué, seguro en mi refugio, a impartir conocimientos del arte de la guerra, lenguajes corporales, inteligencia y contrainteligencia, saboteo (*sic*), amor a la patria, superación personal, valores morales, principios nacionalistas y humanos, lealtad a la causa, honradez y trabajo. Cada uno de los que invitaba, invitaba a otro en forma sucesiva y geométrica.

Aseguró que en los últimos años de La Familia Michoacana, personas afines a la organización "torcieron sus objetivos sociales" y se dedicaron a la delincuencia:

> En esos momentos no pude hacer nada, pues eran muy fuertes, pero en cuanto pueda los acabaremos, debido a que la delincuencia no es nuestra meta.

Paradójicamente, en 2013, mientras se destruían sus estatuas, se descubrió que el comunicado oficial del gobierno calderonista era falso. Nazario Moreno seguía vivo, pero no por mucho tiempo. Fue abatido en marzo de 2014, en un nuevo operativo en los cerros aledaños a Apatzingán, donde se escondía dentro de una choza de madera y cemento llena de libros y televisiones.

Según las versiones militares, Nazario andaba solo, vivía como ermitaño, vestido de paisano, montado en un burro, recorriendo los caminos y veredas de las montañas de Tierra Caliente. Este personaje le dio a La Familia Michoacana y a Los Caballeros Templarios un perfil único en el mundo al mezclar el crimen, el movimiento social y la secta religiosa. Ni las mafias italianas, colombianas o estadounidenses han tenido un líder como él, capaz de morir dos veces.

San Toribio

•

San Toribio, el santo pollero

En la zona semidesértica de la frontera con Estados Unidos, algunos migrantes perdidos o engañados por los "polleros" han sido auxiliados por un hombre que parece un típico gringo de tez blanca y ojos azules. Les obsequia agua, comida y les indica cómo cruzar la línea sin tener problemas. Luego de brindarles ayuda les dice su nombre y desaparece.

Se trata de Toribio Romo, un santo cristero beatificado por Juan Pablo II; se ha convertido en patrono de los migrantes, el santo "pollero" o el santo "gringo".

Murió a los 28 años de edad, la madrugada del sábado 25 de febrero de 1928, a manos de los soldados del gobierno de Plutarco Elías Calles, que prohibió el culto público religioso y ordenó el cierre de cientos de iglesias.

Los soldados lo ejecutaron en su morada, acondicionada como templo. Según la historia eclesiástica, lo despojaron de sus vestiduras y saquearon la casa para después llevarse presa a su hermana María hasta el poblado de La Quemada, sin permitirle que lo sepultara.

La gente de Los Altos de Jalisco lo veló y enterró en medio de la burla de la soldadesca. Los militares "iban silbando y cantando obscenidades al tiempo que los demás rezaban".

La familia Plascencia consiguió permiso para sepultarlo al día siguiente en el panteón municipal. Sobre su tumba colocaron la inscripción: "El Buen Pastor da la vida por sus ovejas".

Siete décadas después, el 21 de mayo de 2000, el papa Juan Pablo II lo canonizó junto con 24 mártires de la Guerra Cristera. Para entonces pocos sabían que Toribio ya era considerado patrono entre muchos de los migrantes mexicanos que cruzan la frontera con Estados Unidos, a quienes ha auxiliado de manera milagrosa. En Los Altos de Jalisco, donde nació Toribio, comenzaron a registrarse sus historias prodigiosas, sus poderes de sanación para enfermos terminales y el socorro brindado a madres desesperadas.

El camino de tierra y piedras que lleva a su natal Santa Ana se ha convertido en la ruta de miles de peregrinos que se dirigen hacia la iglesia de santo Toribio Romo. La localidad pertenece al municipio de Jalostotitlán, a un par de horas de Guadalajara. Es una ranchería de menos de 400 habitantes, a la que domingo tras domingo llegan fieles de Jalisco, Zacatecas, Aguascalientes, Tabasco, Sinaloa y Michoacán.

Ningún santo mexicano reconocido por el Vaticano, ni siquiera Juan Diego, ha registrado un crecimiento tan importante de devotos como él. Y el mismo Vaticano admite sus milagros en contraposición al resto de cultos populares que han proliferado; Toribio es su carta certificada ante Juan Soldado, que en Tijuana atrae la fe de los migrantes.

Una de las historias más repetidas por la autoridad eclesiástica es la del joven Otilio, el muchacho que partió junto con un amigo desde Jalos, con la intención de encontrar trabajo en Estados Unidos. Al llegar a la franja fronteriza fueron asaltados y golpeados con brutalidad. Sin dinero, se sintieron atrapados:

no podían pagar al "pollero" que los cruzara a territorio norteamericano ni tampoco volver a casa. En medio de su desconsuelo, un auto se detuvo a su lado; adentro viajaba un sacerdote que los invitó a subir. Cuando le platicaron su situación, él les pidió calma y prometió que los ayudaría a cruzar. Los condujo hasta una vereda solitaria y, cuando se despedían, les dio dinero, no sin recomendarles que fueran a una fábrica cercana, donde de seguro los contratarían.

Otilio y su amigo le preguntaron al cura su dirección para pagarle el préstamo con su primer sueldo. "¿Ustedes son de Jalisco, verdad? Cuando ganen lo suficiente, vayan a Santa Ana y pregunten por Toribio Romo", fue su respuesta.

Dos meses después pudieron volver a su tierra y, al visitar la iglesia de Santa Ana, identificaron que el santo del altar era el mismo que los ayudó. Conmovidos, rompieron en llanto y dieron su testimonio.

Jacqueline Bracamontes, la conductora de televisión que ganó el título de Nuestra Belleza México y se convirtió en una de las principales conductoras de Televisa durante el mundial de futbol de Sudáfrica de 2010, es devota de san Toribio. Y, de hecho, le adjudica su meteórica carrera.

Cuando competí me encomendé al Padre "Tori". Concursaron chicas muy guapas, pero gané por unanimidad. Después le pedí que me ayudara a trabajar en televisión y me concedió un segmento deportivo en un noticiario de cobertura nacional. Seré la primera comentarista mexicana en el próximo campeonato mundial de futbol, todo gracias al Santo Toribio.

El panista Emilio González repartió estampas del santo de los polleros durante su campaña en el 2006. Al final ganó con una diferencia mínima y, como pago, lanzó el plan de los "cuatro circuitos cristeros" que abarcan 20 municipios de la zona de Los Altos, y que incluía un nuevo templo para san Toribio Romo en el lugar donde había estado su casa.

María Vargas de Andrade, encargada de la Casa del Migrante La Divina Providencia, en Mexicali, Baja California, narra algunas de las historias que le han contado mexicanos que se perdieron en la zona semidesértica por donde pasan hacia Caléxico.

En una ocasión, tres indocumentados fueron abandonados por un pollero en el desierto de Altar. Cuando estaban a punto de morir por la deshidratación y las altas temperaturas, recibieron la ayuda de un migrante llamado Toribio. Después de darles agua y llevarlos hasta la carretera, se despidió de ellos, afirmando que debía seguir su camino.

Miembros del Grupo Beta fueron advertidos de que los migrantes deambulaban en la carretera y, más tarde, los llevaron al refugio. Al llegar vieron un retrato del señor que los había ayudado, ignorando por completo que había muerto muchos años atrás.

El reportero Alberto Nájar escribió para la BBC los testimonios de otros milagros de Toribio. Gente que afirma que la Patrulla Fronteriza no los vio porque, en el momento en que se cruzaron con ella, le rezaban a san Toribio. Otros que se encontraron con el santo y dejaron marcado el lugar de la aparición con cruces, marcas en las piedras y altares improvisados, que con el tiempo se han vuelto señales para que otros sigan la ruta y dejen sus propios rastros. Por lo menos en Texas y California hay templos erigidos por los devotos del santo.

Muchos de los migrantes que fueron agradecidos tienen la siguiente oración:

> Dios todopoderoso y eterno, que concediste a Santo Toribio Romo luchar por la fe hasta derramar su sangre, haz que, ayudados por su intercesión, soportemos por tu amor nuestras dificultades y con valentía caminemos hacia ti que eres la fuente de toda vida.
> Por Jesucristo nuestro Señor.
> Amén.

El obispo de Mexicali, José Isidro Guerrero Macías, ha reconocido las apariciones de san Toribio y les ha pedido a los feligreses que no dejen de pedirle su ayuda para pasar con bien al otro país. Lo mismo ocurre en iglesias de Jalisco, Michoacán, Oaxaca, Chiapas y Baja California. Mientras que en el ejido Puebla del Valle, de Mexicali, el párroco Francisco Godínez construye un templo dedicado a Toribio y asegura que contará con una reliquia que será enviada por el obispo de San Juan de los Lagos.

Toribio Romo González murió en Tequila, Jalisco, en 1928. José Isidro Guerrero Macías cuenta que los soldados federales le preguntaron "¿Quién vive?", esperando que les contestara "¡Viva el supremo gobierno!" En cambio, les contestó "¡Viva Cristo Rey!" y por eso fue martirizado.

Existe una versión distinta. Según ésta, los militares allanaron la casa donde Toribio oficiaba clandestinamente misas, bodas, bautizos e impartía catecismo. Toribio suplicó clemencia, pero los soldados se burlaron de él, lo ejecutaron y exhibieron en la calle su cuerpo desnudo.

Nació el 16 de abril de 1900 en Santa Ana de Guadalupe, ranchería del municipio de Jalostotitlán, en la zona de Los Altos de Jalisco, una de las regiones de raigambre católica más pronunciada. Desde los 12 años de edad, aconsejado por su hermana María y con el apoyo de sus padres, ingresó al Seminario Auxiliar de San Juan de los Lagos y más tarde viajó al Seminario de San José, en donde completó su formación sacerdotal a los 22 años.

El 5 de enero de 1923, un mes después de recibir su ordenamiento, realizó su primera misa en una capilla que él mismo mandó a construir en su rancho de Santa Ana, en compañía de sus familiares y amigos. La primera parroquia a la que fue destinado estaba en Sayula, Jalisco, pero ahí tuvo dificultades con la gente. Entonces fue trasladado a la parroquia de Tuxpan, Jalisco, situado prácticamente al pie del volcán de Colima. Aunque ahí fue mejor recibido, al poco tiempo lo volvieron a cambiar al pueblo de Yahualica, en la región de Los Altos, muy cerca del lugar donde nació; una vez más, tuvo problemas para desempeñar su oficio, pues le prohibieron que rezara el rosario en público y celebrar la misa.

Tuvo que trasladarse al pueblo de Cuquío, Jalisco, en el que Justino Orona Madrigal, otro santo mártir de la Guerra Cristera, fungía como párroco. Ahí Toribio sufrió en carne propia la persecución callista. El 9 de noviembre de 1926 se levantaron en armas más de 300 hombres del pueblo para enfrentar la opresión gubernamental y proteger al párroco; los sacerdotes tuvieron que huir.

En su diario el padre Toribio escribió:

Pido a Dios verdadero que cambie este tiempo de persecución. Mira que ni la misa podemos celebrar tus pobres Cristos; sácanos de esta dura prueba, vivir los sacerdotes sin celebrar la Santa Misa… Sin embargo, qué dulce es ser perseguido por la justicia. Tormenta de duras persecuciones ha dejado Dios venir sobre mi alma pecadora. Bendito sea Él. A la fecha, 24 de junio, diez veces he tenido que huir escondiéndome de los perseguidores, unas salidas han durado 15 días en estrecha y hedionda cueva; otras me han hecho pasar ocho días en la cumbre de los montes a toda la voluntad de la intemperie; al sol, agua y sereno. La tormenta nos ha mojado, ha tenido el gusto de ver otra que viene a no dejarnos secar, y así hasta pasar mojados los diez días.

¡Qué penas sufro porque siendo dispensador de los dones de Dios me veo atado, sin poder hacer nada, para después saber que unos mueren pidiendo ansiosos al padre!… ¡Oh, dolor! Hemos querido no abandonar nuestro rebañito…

Durante 11 meses, el padre Toribio permaneció en Cuquío, hasta que en septiembre de 1927 tuvo que retirarse porque los superiores le ordenaron que se hiciera cargo de la parroquia de Tequila, Jalisco, donde no había sacerdote.

Llegó a ese pueblo en plena Guerra Cristera, el 6 de septiembre de 1927. "A mí sólo me toca obedecer y, con seguridad lo digo, lo hago con gran gusto", dijo pesaroso cuando recibió la bendición de sus superiores. Dicen que presintió su muerte y por eso escribió en su diario: "Tequila, tú me brindas una tumba, yo te doy mi corazón".

No podía vivir en el curato, pues corría el riesgo de ser arrestado o ejecutado por los soldados. Así que se hospedó en la casa de León Aguirre, junto a una fábrica de tequila abandonada en la barranca de Agua Caliente. De día oficiaba los sacramentos; de noche visitaba a los enfermos para darles los auxilios espirituales.

En diciembre de 1927, Román Romo González, su hermano menor, fue ordenado sacerdote y lo alcanzó en Tequila, como vicario cooperador. A los pocos días llegó su hermana María, para atenderlos en los trabajos de casa y ayudar en el catecismo.

Según cuenta la propia historia eclesiástica, los hermanos de Toribio hicieron el trabajo religioso en plena secrecía. El 29 de enero de 1928 llevaron a cabo la primera comunión de más de 20 niños. El padre Toribio dijo en voz alta: "Jesús: ¿Aceptarás mi sangre, Señor, que yo te ofrezco por la paz de la iglesia?"

Su sacrificio se hizo realidad casi un mes después.

El 22 de febrero distintos grupos bajaron hasta la barranca para escuchar los servicios religiosos del Miércoles de Ceniza. Al día siguiente Toribio le indicó a su hermano que tendría que salir a Guadalajara para resolver pendientes parroquiales. Le entregó una carta, no sin advertirle que sólo debía leerla una vez que hubiera llegado a la ciudad. Por último, hincado, le pidió que escuchara su confesión y lo bendijera.

Después de fundirse en un abrazo de despedida, Toribio pasó los siguientes dos días poniendo orden en las actas bautismales. Le pidió a su hermana que nadie lo interrumpiera, a menos que fuera una emergencia. Y se negó a descansar.

En la madrugada del sábado 25 entró al oratorio, pero un cansancio extenuante se apoderó de él. Toribio y su hermana se quedaron dormidos, recargados sobre un muro, cuando soldados y agraristas irrumpieron gritando "¡éste es el cura, mátenlo!"

Recibió varios disparos y, con pasos vacilantes, dejando un rastro de sangre, pretendió refugiarse en la habitación, antes de que otra ráfaga lo detuviera definitivamente. Su hermana rogó porque Jesús misericordioso lo recibiera en su gloria.

En 1948 los restos de Toribio Romo fueron exhumados para trasladarlos a la capilla de Santa Ana de Guadalupe que él mando a construir y donde celebró su primera misa. Se estima que cada año unas 600 mil personas visitan el recinto, que será sustituido por un nuevo santuario con un costo de más de 100 millones de pesos. En una pequeña urna de madera, protegida con doble vidrio blindado, depositarán los restos del santo.

Su familia guarda sus diarios, la camisa ensangrentada que tenía al morir, los pantalones y hasta un pequeño recipiente de cristal con un polvo gris que, dicen, es su sangre. Son las reliquias de la "toribiomanía" como le dicen al culto de este santo que ya cuenta con medallas, novenarios, calcomanías y hasta zapatos tenis con focos para cruzar la frontera.

San Judas Tadeo

•

© Germán Canseco / Procesofoto.

San Judas Tadeo, el santo
de las causas perdidas

Hacia 1982, el templo de San Hipólito, ubicado en el centro de la Ciudad de México, no tenía tantos feligreses como ahora. Ese año, mediante Bienes Comunales, se consiguió que san Judas Tadeo dejara la capilla que estaba detrás del púlpito para llevarlo al altar principal. Era tanta la gente que lo buscaba porque era el famoso "santo de las causas imposibles" que ya había desplazado a la figura de Jesús.

A partir de que fue aupado en el altar más importante, la devoción por san Juditas comenzó a expandirse entre miles de personas de las colonias más pobres. Ahora, el día 28 de cada mes, especialmente en octubre, miles de personas van a rezarle y a pedir por los suyos; piden su intercesión para encontrar empleos, abandonar la cárcel o sanar enfermedades incurables. Debe ser el santo más popular en la capital.

No es casual que a partir de la década de los años ochenta esta devoción experimentara un crecimiento tan impresionante. Por aquellos años el país entró en una espiral descendente: crisis económica, caída del peso frente al dólar, disminución del poder salarial, efectos todos ellos de la plena instauración de las políticas neoliberales, que han creado el mayor número de pobres de los últimos tiempos.

Originalmente, en el templo de San Hipólito no se le rezaba tanto a san Judas Tadeo; las capillas del Santo Cristo de la Agonía y la del Sagrado Corazón de Jesús ocupaban la parte principal de la nave de la iglesia. Ahora la gente le organiza fiestas, hace peregrinaciones, acuden a verlo con mariachis y cargan efigies del santo, vestidos con túnicas blancas satinadas combinadas con azul o verde.

En 1521, en este templo los españoles sufrieron un gran número de bajas, en la llamada batalla de la Noche Triste, cuando las huestes de Cortés fueron vencidas y tuvieron que huir por la actual avenida de Puente de Alvarado hasta refugiarse en un sitio conocido como el Árbol de la Noche Triste, rumbo a Popotla.

Ese mismo año, el 13 de agosto, los españoles lograron conquistar Tenochtitlan tras un feroz asedio. Y construyeron una ermita para conmemorar a sus muertos. Ocho años después empezó en ese lugar la construcción de un edificio más grande que funcionaría como hospicio para atender a enfermos mentales.

Los trabajos concluyeron hasta finales del siglo XVII y como la caída de Tenochtitlan correspondía en el santoral a las fiestas de Hipólito, se le quedó ese nombre. Los españoles celebraban su victoria con un paseo de pendón, pero en 1812 las cortes de Cádiz consideraron que lastimaba al país y suprimieron esa costumbre.

En 1892, los misioneros claretianos tomaron posesión del templo. Y poco más tarde, con la llegada de la Revolución, fue abandonado. Sus puertas permanecieron cerradas hasta 1919. Fue recuperada plenamente por la Iglesia diez años después, cuando se puso fin a la Guerra Cristera. Y el 9 de febrero de

1931 fue declarado monumento nacional. Dentro del períme-
tro de este templo se fundó la Escuela Academia para Sordo-
mudos, en 1955, y, a partir de ese mismo año, se construyó la
capilla de san Judas Tadeo. Desde entonces es el centro de
culto popular más importante en la ciudad, después de la Basílica de Guadalupe.

Hay quienes afirman que san Judas Tadeo era primo de Jesús, pues al parecer era sobrino nieto de san Joaquín y de santa
Ana, los padres de la Virgen María. Generalmente se le representa con un medallón en el pecho con el rostro de Cristo y
su imagen guarda parecido con Jesús. La llama de su cabeza
simboliza el Espíritu Santo que recibió en Pentecostés. Se le
pinta con una Biblia en una mano y, en la otra, un hacha que
refiere a su martirio, o bien, un báculo que recuerda las impre-
sionantes distancias que cubrió predicando.

De acuerdo con la historia eclesiástica,

San Judas Tadeo predicó primero en Judea, luego pasó a
Mesopotamia y finalmente en Persia. Ahí se reunió con el
apóstol San Simón y juntos combatieron las herejías de Zaroes
y Arfexat, dos sacerdotes paganos que levantaron al pueblo
contra las obras de los apóstoles. [...]

Judas Tadeo y Simón buscaron alojamiento donde un
discípulo llamado Semme. A la mañana siguiente unos sacerdotes idólatras con una gran multitud rodearon la casa y exigieron a Semme que les entregara a los apóstoles o quemarían
la casa. Los santos se entregaron, pero no pudieron hacer que
adoren a sus ídolos.

Antes de morir San Judas miró a San Simón y le dijo
que veía al Señor que los llamaba hacia Él. Según la antigua

tradición, a San Simón lo mataron cortando su cuerpo en dos y a San Judas Tadeo le cortaron la cabeza con un hacha (www.aciprensa.com/noticias/8-cosas-que-tal-vez-no-sabias-del-popular-san-judas-tadeo-43122/).

Siglos después, santa Brígida de Suecia, mística y patrona de Europa, escribió que el propio Jesús le recomendó que pidiera a san Judas interceder por ella.

Entre los devotos circula una oración y un novenario que no son reconocidos oficialmente por la Iglesia católica:

Oración para suplicar la intercesión del Apóstol san Judas sobre algún problema grave, en la soledad, o en casos desesperados. (Persignarse.)

¡Santo Apóstol, San Judas, fiel siervo y amigo de Jesús! El nombre del traidor que entregó a tu amado Maestro en las manos de sus enemigos ha sido la causa de que tú hayas sido olvidado por muchos; pero la iglesia te honra e invoca universalmente, como el patrón de los casos difíciles y desesperados. (Persignarse.)

Ruega por mí. Estoy sin ayuda y tan solo. Haz uso, te imploro, del privilegio especial a ti concedido, de socorrer pronto y visiblemente cuando casi se ha perdido toda esperanza. (Persignarse.)

Ven en mi ayuda en esta gran necesidad, para que pueda recibir consuelo y socorro del cielo en todas mis necesidades, tribulaciones y sufrimientos, particularmente (haga aquí su petición), y para que pueda alabar a Dios contigo y con todos los elegidos por siempre. (Persignarse.)

Prometo, glorioso San Judas, nunca olvidarme de este gran favor, honrarte siempre como a mi especial y poderoso patrono, y, con agradecimiento hacer todo lo que pueda para fomentar tu devoción. (Persignarse.)

Por la gracia recibida.

Amén. (Persignarse.)

Hay otras oraciones que reflejan con claridad el tipo de ayuda que le piden. Como la "Oración del Morralito de san Judas Tadeo para la buena suerte y negocios y para que no te falte casa, vestido y sustento".

Hoy comparto una oración especial para pedir a San Judas suerte en los negocios y que no nos falte el dinero.

Espero te sea de ayuda si, como yo, pasas por un momento difícil.

Recemos siempre con fe y con la certeza de que nuestros ruegos serán escuchados y atendidos.

Fe, esperanza y caridad.

Por la virtud que tú diste a tus apóstoles,

te pido que me alcances esa virtud,

porque te venero y te quiero,

para que me libres de maleficios,

enfermedades,

mala suerte;

Que me vaya bien en mis empresas,

en mis negocios,

y ahuyentes de mi casa el mal,

y me libres de enemigo

en donde quiera que ande;

Que me des trabajo,
dicha, fortuna,
dinero con todas las facilidades
y con el menor esfuerzo.
Amén.

La única oración que admite la Iglesia católica es la siguiente:

San Judas, Apóstol de Cristo y Mártir glorioso, deseo honrarte con especial devoción.

Te acojo como mi patrón y protector.

Te encomiendo mi alma y mi cuerpo, todos mis intereses espirituales y temporales y asimismo los de mi familia.

Te consagro mi mente para que en todo proceda a la luz de la fe; mi corazón para que lo guardes puro y lleno de amor a Jesús y María; mi voluntad para que, como la tuya, esté siempre unida a la voluntad de Dios.

Te suplico me ayudes a dominar mis malas inclinaciones y tentaciones evitando todas las ocasiones de pecado.

Obténme la gracia de no ofender a Dios jamás, de cumplir fielmente con todas las obligaciones de mi estado de vida y practicar las virtudes necesarias para salvarme.

Ruega por mí, Santo Patrón y auxilio mío, para que, inspirado con tu ejemplo y asistido por tu intercesión, pueda llevar una vida santa, tener una muerte dichosa y alcanzar la gloria del Cielo donde se ama y da gracias a Dios eternamente.

Amén.

Como todo santo popular, Judas Tadeo recibe distintas denominaciones, entre ellas le dicen "abogado", por la ayuda que brinda. Así lo testimonian los exvotos.

Estoy tan agradecido con San Juditas por todos los favores concedidos, por su gran intercecion que ha tenido por mi ante Dios nuestro señor dador de todo bien. San juditas ayudo y protejio a mi hermano de ser golpeado por un sujeto que lo amenazo, a los pocos dias de que ese sujeto habia amenazado a mi hermano de golpearlo, ese tipo atropello a dos personas y lo metieron a la cárcel, yo le estoy agradecido a san juditas por este y muchos mas milagros concedidos. Prometo hacerte mi santo de devocion y mi santo patrono. —Devoto

SAN JUDITAS es mi gran abogado xk desde ase años k me enkomiendo a el mi vida a kanbiado demasiado para bien mia y mi familia. es tan bondadoso tan bueno k sienpre lo pienso llebar kon migo… gracias SAN JUDITAS x sienpre llevarme de tu mano y estar kuando mas te e nesesitado. Prometo sinpre difundir tu devocion. no me kanso de darle gracias x todo lo k a hecho x mi y los mios… desde lo mas ondo de mi korazon gracias SAN JUDITAS… te vivire eternamente agradecida. —Sara

Hace pocas semanas me quede sin trabajo. Busque en internet y conoci a San Judas Tadeo. Escribi una oracion bien bonita que encontre para el y la hice durante varios dias, varias veces al dia. Es increible porque me llamaron de muchos lugares y fui a muchas entrevistas y en dos semanas ya tenia el trabajo que tanto pedi. Ahora le estoy rezando por la paz, felicidad y salud de mi familia y para me de la bendicion de quedar embarazada. Siempre le doy gracias a El, Jesus y la Virgen por bendecirme de tantas formas. Nunca dejen de agradecer lo mucho tiene que tienen y mas que pedir por dinero, pidan por la salud y la felicidad. Bendiciones a todos. —Michelle

Hoy quiero escribir nuevamente para dar testimonio de un nuevo milagro que San Judas me ha concedido. Esta semana tuve mi primer trabajo en el mercado nuevo en el que estoy empezando a trabajar y al tomar más tiempo del previsto el cliente decidió aumentar mi paga al doble y hacerme un regalo de su marca. Agradezco infinitamente a San Judas pues llevo días pidiéndole, suplicándole que me ayude a triunfar en este mercado, a tener éxito y a que me ayude a que el dinero no me falte. —Devoto

Las nuevas iglesias salvadoras

En la actual crisis no sólo se manifiestan santos populares. Han emergido también otras expresiones religiosas, nuevas iglesias que atraen las voces desesperadas que no encuentran respuesta a sus ruegos en los canales tradicionales.

En *Regiones y religiones en México. Estudios de la transformación sociorreligiosa*[1] se menciona que, desde mediados del siglo XX, la población mexicana ha ido transformando sus creencias y el cristianismo no católico se ha ido extendiendo de manera importante.

> Se puede asegurar que en tan sólo cinco décadas, pero subrayadamente durante las últimas tres, la religión junto con los procesos sociales que genera y particularmente los actores que la constituyen, ha desempeñado un activo papel en la estructuración de la práctica social.

Así lo señalan Alberto Hernández y Carolina Rivera en el arranque de su investigación.

[1] Alberto Hernández y Carolina Rivera, coords., *Regiones y religiones de México. Estudios de la transformación sociorreligiosa*, México, Colegio de la Frontera Norte / CIESAS / Colegio de Michoacán, 2009.

Éste es el caso de la Iglesia del espiritualismo trinitario mariano y el de la Iglesia La Luz del Mundo.

Espiritualismo trinitario mariano

En la calle Neptuno 144 de la colonia San Simón, un barrio popular al norte de la Ciudad de México, hay un templo que llama la atención por su gran tamaño. Ahí llegan miles de personas para sanarse y orar a un dios que está representado por los tradicionales símbolos cristianos, como la cruz, y también por el ojo de la sabiduría, enmarcado en un triángulo, una referencia al Dios padre, al Dios hijo y al Espíritu Santo.

La nave del templo de concreto parece una basílica. Dentro caben miles de devotos sentados en largos tablones de madera perfectamente alineados; al frente sólo se encuentra una sola imagen, la del padre Elías, fundador de la iglesia, con el ojo en el triángulo, que preside desde el muro principal.

La entrada al templo es libre pero está prohibido tomar fotos. En principio, la liturgia es similar a la católica, pero las oraciones son distintas. Hacen referencia a un dios inasible más que a una imagen humanizada. Llama la atención la presencia de mujeres que ofician la ceremonia; llevan una túnica blanca con filos en color café, sin ninguna imagen ni símbolo estampado.

Hay, además, tomas de agua que caen en unas pilas. La gente recoge el líquido en recipientes o botellas para sanar mientras claman a los espíritus. Existen 15 recintos similares en la capital, sin contar los cientos de capillas en casas particulares en todo el país.

De acuerdo con sus propios registros, el espiritualismo trinitario mariano nació en 1924, pero sus fundamentos se remiten a la Iglesia mexicana patriarcal de Elías creada en 1861 por Roque Rojas Esparza. La noche del 23 de junio de ese año recibió en Iztapalapa el mensaje del profeta Elías. Le dijo que el pueblo de Israel había dejado de ser el elegido por Dios y, en su lugar, el mexicano era el nuevo pueblo ungido. Con esta anunciación iniciaba el tercer y último milenio de la humanidad.

La historia del llamado padre Elías es compleja. Según sus biógrafos, su padre provenía de una familia española de ascendencia judía que fue relegada e incluso maldecida por mezclarse con otra raza. Mientras que, del lado materno, tuvo una ascendencia noble otomí. Así que estaba predestinado por partida doble para ser el Hijo del Sol, el Nuevo Mesías capaz de crear una nueva iglesia.

En el espiritualismo trinitario mariano se mezclan los fundamentos judeocritistianos, la creencia en los espíritus indígenas —principalmente el de Cuauhtémoc, al que le llaman "hermano"—, la fe en la Santa Trinidad y en la Virgen María, así como las prácticas de sanación, que datan de épocas precolombinas.

No se sabe con exactitud cuántos devotos tienen, pero en más de un siglo esta fe ha crecido de manera impresionante en todo el país y algunas partes de Estados Unidos. Sus líderes

señalan que cuentan con 8 millones de adeptos y en las páginas de *Una religiosidad popular: El espiritualismo trinitario
mariano*, Silvia Ortiz asegura que, desde 1926, la Secretaría
de Gobernación ha registrado miles de templos.

A esta iglesia o secta también se le conoce como "La Hermandad". Y una de sus miembros más conocidas es la vidente Francisca Zetina, mejor conocida como La Paca, que en
1996 fue contratada por la PGR para encontrar la osamenta de
Manuel Muñoz Rocha, el diputado tamaulipeco que presuntamente mandó a asesinar a José Francisco Ruiz Massieu, en
contubernio con Raúl Salinas de Gortari, el 28 de septiembre
de 1994.

Como decíamos, el espiritualismo trinitario mariano tiene
sus fundamentos en la revelación de Roque Rojas, un personaje carismático y de personalidad compleja que nació en la
Ciudad de México el 16 de agosto de 1812 y fue bautizado
en el templo de la Soledad de Santa Cruz Acatlán, Estado de
México.

En su autobiografía dice que su mamá, Dolores Esparza,
era otomí descendiente de un sacerdote indígena del templo
del Sol; y su padre, Manuel Rojas, tenía raíces judías de España. Dentro de sus antepasados se encuentra un rabino que,
para proteger a su familia de la persecución, fingió convertirse al catolicismo. Esta genealogía será tan decisiva como sus
estudios de las Sagradas Escrituras, especialmente del Apocalipsis.

Según la excelente investigación de Silvia Ortiz Echániz,
en su propia biografía Roque Rojas afirma que aprendió 22
oficios antes de casarse. Entre otros fue carpintero, ebanista,
tallador, pintor y escultor. Y los documentos internos de la

Iglesia mexicana patriarcal de Elías dan cuenta de que a sus 49 años recibió la revelación divina de que debía ser el profeta de la Tercera Era de la historia de la salvación (la primera era la de Moisés con los judíos; la segunda, la cristiana, con Jesucristo). La voz le dictó:

> Roque, levántate, tu oración ha sido escuchada. Renuncia a tu puesto (juez civil) y disponte a desempeñar la misión de Elías, anunciando a la humanidad la formación del nuevo pueblo de Israel.

Durante los siguientes ocho años, entre 1861 y 1869, recibió otras revelaciones destinadas a que entendiera cómo formar su iglesia. La dividió en siete sellos o ramificaciones y forma un cuerpo sacerdotal integrado por idéntico número de hombres y mujeres, cuya misión es extender la nueva palabra de Dios en todo el país.

El 24 de diciembre de 1863, consagró y ungió al sacerdocio a 24 miembros: 12 hombres y 12 mujeres de la Ciudad de México. En 1869, la iglesia se formó con sus siete sellos. Su nombre oficial no le llegó sino hasta 1880, cuando Fernanda Trejo, una de las sacerdotisas ordenadas por Roque, experimentó una visión.

Tras la muerte de Rojas la iglesia tuvo varias ramificaciones. El grupo de Guadalupe Arias fue llamado evangelismo eliano; el de Francisco Olloqui, roquismo; del sexto sello se desarrolló la rama del espiritualismo trinitario mariano, al frente de Damiana Oviedo, que nació en Veracruz en 1845; del séptimo sello salió la rama de Fernanda Trejo llamada elianismo patriarcalista.

Una de estas sacerdotisas, Damiana Oviedo, fue la que mejores resultados tuvo. Roque Rojas rechazaba el espiritismo promovido por Allan Kardec, muy en boga en aquel momento, ya que lo consideraba "diabólico"; en cambio, para la sacerdotisa Damiana era positivo, representaba una forma de sanación basada en la invocación de los espíritus del más allá, como el de Cuauhtémoc; también permitía practicar "limpias" y recibir enseñanzas de poderes divinos en ceremonias llamadas "cátedras".

La iglesia de Roque está llena de simbología. Su teología es trinitaria en una doble partida: la primera está conformado por el Gran Jehová, Jesucristo y el Espíritu Santo; la segunda es la Santísima Trinidad Mesiánica:

> Creo —afirma el profeta— que Dios ha mandado al mundo a tres hombres en tres diferentes épocas de la humanidad, por quienes ha aconsejado las virtudes a los mismos hombres, y estos tres hombres forman la Santísima Trinidad Mesiánica, personal y humana: Moisés de Leví, Jesús de Nazaret y Roque Rojas.
>
> Su culto se divide en tres fases principales: Adoración a Dios, Homenaje a María y Veneración a la Trinidad descrita. Se realiza por medio de 22 ceremonias regulares; tres de consagración (unción) sacerdotal, de los jefes de las iglesias y del Gran Hijo del Sol, la ceremonia especial de los ancestros de Rojas y del cordero sacrificado.
>
> Su culto se divide en tres fases principales: Adoración a Dios, Homenaje a María y Veneración a la Trinidad formada por Moisés, Jesucristo y Roque Rojas.
>
> Se realiza el culto por medio de 22 ceremonias regulares; tres de consagración (unción) sacerdotal, de los jefes de las

iglesias y del Gran Hijo del Sol, la ceremonia especial de los ancestros de Rojas y del cordero sacrificado.

La vestimenta del sacerdote es blanco, que simboliza la pureza, y café de la Virgen del Carmen, semejante a un escapulario. Los sacerdotes son personas bautizadas en esta iglesia, solteros o casados, estudian durante tres anos la Biblia y El Ultimo Testamento de Rojas y su historia. Tienen que saber el significado de los 44 símbolos de la iglesia con su propio culto en el cual se utilizan. Por lo regular el culto está dividido en ocho momentos empezando con la Ceremonia del perdón y terminando con la Oración mental.

Rojas llamó a la Iglesia Católica "la Ramera de Babilonia", mencionada en el Apocalipsis. Según él, el catolicismo Romano es la plena y amplia degeneración del cristianismo.

La Iglesia Mexicana de Elías es la única fiel, santa y verdadera Iglesia de Dios. El segundo mandamiento general dice: La Iglesia Mexicana Elías, tiene terminantemente prohibido admitir agregados en la verdadera religión fundada por Roque Rojas, como es: Catolicismo, Protestantismo, Romanismo. El artículo siete del "Reglamento" de la iglesia dice: La Iglesia en ningún tiempo ni edad, reconoce ni acepta, ni da valor al rito de las iglesias romanas (www.churchforum.org/espiritualismo-trinitario-mariano.htm).

El padre Elías, cuya iglesia no cuenta con el registro oficial del gobierno mexicano, posee su propia oración:

Gloriosísimo Padre Elías, preséntanos el afecto más sincero de nuestro corazón, nos alegramos de los dones que gozas en el cielo porque supiste predicar y vivir según el Evangelio.

Te pedimos nos alcances del ser Supremo la gracia de
entender su voluntad.

Amar y servir a nuestros hermanos siguiendo tu ejemplo,
ayúdanos a tener fe y a vivir con esperanza en las promesas
del Señor.

Amén.

En la foto que le tomaron, Roque está lleno de símbolos. Por
ejemplo, la estola que lleva en el cuello representa la Tercera
Era, la Cruz de Elías; el sillón tiene siete esferas de cada lado:
los siete sellos y las siete iglesias reveladas a Juan el Teólogo en
el Apocalipsis; como signo del elianismo y de la venida del tercer y último Mesías, está la leontina del reloj dentro de su saco;
la cadena superior representa a Dios el Altísimo y las tres que
se desprenden de la superior son sus enviados y los mensajes
de los tres tiempos: el mensaje judaico, el evangelio cristiano y
el mensaje eliasista. Por último, el anillo de la mano izquierda
pertenece al Gran Hijo del Sol, que usarán todos los que sean
representantes de Elías sobre la Tierra.

En sus templos se encuentra un altar de forma piramidal, que es la escala de perfección, y tiene siete peldaños que
representan las siete iglesias de Rojas y los siete trabajos o ritos
del desarrollo espiritual.

Delante del altar siempre hay tres cirios que representan la
Trinidad mesiánica. Se encienden cuando comienzan las ceremonias y se apagan al terminarlas. Hay agua curativa, aceite
comestible, flores alrededor o encima de los siete peldaños.

A veces, en medio, hay un cuadro de la Virgen de Guadalupe o una cruz. A mano derecha se encuentran tres sillones
que son los tronos. Durante las cátedras son ocupados por

las personas encarnadas en los médiums, les llaman "vasos" o "bocinas". El Gran Jehová, el profeta Elías y el padre Jesús ocupan los dos asientos centrales. Jesús comparte el mismo sillón con Elías (Rojas), un tercer sillón es para la Virgen María.

Generalmente, la mayor parte de los templos son pequeños anexos en casas privadas, aunque también hay algunos con capacidad para 500 personas, como el que existe en el norte de la Ciudad de México. No existe una organización ni una autoridad que vincule estrechamente a todos los templos espiritualistas, pero hay iglesias que son "madres" de otras y deben vigilar su funcionamiento. Casi cualquier adepto puede comenzar un nuevo templo y en ninguno se piden limosnas.

La estructura jerárquica de esta iglesia, así como la división de funciones, tareas y responsabilidades, como decíamos, es compleja. No funciona con jerarquías como la católica ni posee una estructura política y administrativa de la que emana el poder central, un equivalente a la figura papal, que rige toda una fe desde el Vaticano. Las mujeres no sólo no están relegadas de la posibilidad de realizar ceremonias, sino que pueden casarse, al igual que todos los sacerdotes.

El "guía" del templo puede ser hombre o mujer. Generalmente, antes de ser guía era médium que recibió el llamamiento de Dios a través de otro médium en éxtasis, o por un sueño o visión, pero no es necesario ser médium para llegar a ser guía. Su responsabilidad es dirigir ritos, ceremonias, dar consejo, controlar el mantenimiento del templo y orientar a la congregación hacia la doctrina correcta. Se retiene este cargo hasta la muerte. A los guías que fundan otros templos les nombran "guía de guías". Ellos apoyan y asesoran al guía local, como un obispo a un párroco.

La "nave", por lo general, es el marido o la mujer del guía del templo, y reemplaza al guía cuando no puede estar presente.

El "Pedro" es la piedra fundamental; su nombre recuerda el cargo que san Pedro recibió de Cristo; se trata de una persona elegida entre la congregación y el nombramiento es vitalicio. Tiene la facultad de organizar el conocimiento de la doctrina. Su papel es mediar entre el guía y otros cargos (pedestal, facultad columna y pueblo). También ayuda al guía y lo reemplaza en caso de ausencia. Enciende los tres cirios al comenzar las ceremonias; si la congregación es muy grande hay un segundo "Pedro".

"Cuerpo de mediumnidad" son los intermediarios entre los espíritus y la congregación. Han pasado un año aprendiendo a desarrollar su papel y las doctrinas de Roque Rojas. Tienen dones de la palabra, intuición y revelación. Se les da el nombre de "portavoz" o "pedestal", pueden ser hombres o mujeres.

Hay una jerarquía entre los pedestales paralela a la divina; a ellos descienden el Padre Eterno, después viene Moisés, más abajo Jesucristo y Elías y después la Virgen María. Los médiums que están abajo de esta jerarquía no reciben a los espíritus divinos.

Mientras que hombres y mujeres pueden ser portavoces de los espíritus divinos, solamente una médium mujer puede recibir al espíritu de María. A los pedestales que pueden hablar de una manera brillante, angelical y emocionante, se le da el nombre de "ruiseñores".

"Facultad" es el proceso para ser médiums, también se llama "desarrollo", lo celebran cada jueves, cuando no hay cátedra, y dura media hora. Durante el aprendizaje para ser una facultad, que puede durar uno o dos años, se les enseña a inducir el trance por la hiperoxigenación, provocando que la persona respire rápidamente y con poca profundidad. Los testimonios afirman que, una vez en trance, el espíritu abandona el cuerpo para dejar que entre otro. Al principio las personas experimentan grandes trastornos y convulsiones, pero poco a poco se alcanza un estado de tranquilidad. Ahora los miembros de la clase, que pueden ser hasta cien, están abiertos para la comunicación con los espíritus, pero solamente después de una larga experiencia de muchos años pueden recibir a los espíritus divinos. Las mujeres en periodo menstrual y las embarazadas, a partir del quinto mes, tienen prohibido caer en trance.

Los "guardianes" —también llamados "columnas" o "pilares"— sostienen el templo, lo vigilan y adornan, cuidan el acceso y la disposición de los asientos. Es común que lleven uniforme y ayuden en la limpieza. Algunos de ellos están en entrenamiento para ser curanderos, otros nunca subirán de jerarquía porque no tienen el don. Indican cómo saludar al espíritu, cuándo hablar y no dejan que los otros toquen al médium, porque la manifestación divina no reside en la materia, sino en el espíritu.

"Las plumas de oro" son quienes escriben o transcriben con ayuda de grabadoras los mensajes de los espíritus. Se les da un color según la jerarquía; el de oro, por ejemplo, es el encargado de transcribir lo que dice el Padre Eterno.

En esta iglesia existe, a su vez, la "jerarquía de los espíritus", que parte en su punto más alto de la Santísima Trinidad espiritualista.

Los "espíritus de luz" son los protectores. La creencia central del espiritualismo es que una serie de espíritus buenos, protectores, trabajan por medio de los médiums en las limpias. Los "espíritus de luz" por lo general son indígenas aztecas, otomíes o totonacos; hasta la década de los cincuenta solían ser macacahuas, una tribu desconocida. También tienen "protectores" extraterrestres.

Los "espíritus de media luz" o "chocarreros" pueden causar enfermedades o confusión. Entran de repente en el cuerpo de la facultad durante una limpia, causan problemas y lastiman hasta matar. No lo hacen por mala voluntad, sino porque son reacios y subdesarrollados en su proceso.

"Los demonios" son espíritus de oscuridad y tentación, son la bestia del Apocalipsis y pueden aparecer en forma de cualquier animal. En ciertas ceremonias la posesión de los espíritus de maldad en contra de la voluntad afecta simultáneamente a muchos médiums.

Llama la atención la existencia de un espíritu de luz que es visto como un santo. Se llama la Hermana Blanca o el Espíritu de Exterminio, el ángel exterminador del libro del Éxodo; es la Santa Muerte, un espíritu escogido por Dios que puede aparecer en cualquier momento, especialmente en la cátedra del 2 de noviembre, cuando cumple su rol de cumplir la justicia divina (lo que tiene concordancias con el culto de la Santa Muerte).

Por otro lado están las denominadas "Mayores celebraciones espiritualistas" que son de dos tipos: "Las curaciones" o limpias y las cátedras.

Tienen un culto o asamblea cada día, excepto los sábados. Los martes y los viernes son los días de las limpias, la gente va a curarse o a recibir la interpretación de un sueño o acontecimiento espiritual. Los otros días son para las cátedras o el entrenamiento.

Son una mezcla de medicina tradicional popular y magia religiosa. Hacen las limpias para desalojar todo lo malo, entendido como algo que entró en el cuerpo o algo bueno que salió, por un susto por ejemplo.

Cuando pensamos en la escasez de ayuda medica para los pobres se entiende porque tanta gente acude a los templos. Allí les dan una explicación de porque se sienten mal, se les da una atención personal, los médiums siempre ofrecen consuelo, nunca pronostican algo negativo como la muerte, mientras que los médicos no siempre pueden ser positivos.

Antes de que cada persona se acerque al curandero para su limpia, hay oraciones dirigidas por el "guía" parado frente al altar. Todos escuchan en silencio, en la mano las gentes llevan sus hierbas, veladoras, huevos, flores, etc., que se compran en los puestos fuera del templo. Al terminar la oración las personas que quieran una limpia se acercan a la "facultad" quien le receta una combinación de medicina natural y científica. El primer paso de la curación es el desalojo o masaje fluídico por la imposición de manos. Así se libera la persona de las influencias malévolas. Las "facultades" que son videntes en trance, ven a los espíritus malos como una manifestación de energía, o un aura (www.clerus.org/clerus/dati/2004-06/05-15/elias.html).

Cuando consideran que el problema es debido a brujería, mal de ojo o alguna maldición, la limpia puede durar muchas sesiones, dependiendo de la gravedad de la situación. Siempre inician en el nombre del Padre Eterno, las personas son ungidas con óleos y barridas con masajes.

Y emplean muchas cosas. Las más comunes son el bálsamo, las lociones de diferentes colores y aromas según el problema, hierbas, flores, jitomates, huevos, veladoras de varios colores e incluso ramas encendidas, si se trata de enfermedades muy graves. El curandero da palmadas sobre el cuerpo, jala las manos hacia abajo, reza, unta las lociones y lo toca con las velas.

Las limpias con ramos son las más típicas, seguidas de las efectuadas con huevos. Cuando el huevo entra en contacto con el cuerpo, aquel absorbe lo malo. La persona se lo lleva para deshacerse de él, aunque en algunos templos la misma facultad rompe el huevo durante o después de la limpia y lo vierte en un vaso para ver los resultados de la curación. Las limpias con sal son para quitar la mala suerte. La gente, además, pide que les limpien la casa, la ropa, el coche y protección para sus seres queridos.

En los días señalados las facultades hacen operaciones espirituales en el templo. Los videntes y el médium en trance (con su protector) llevan a cabo la operación sin ninguna intervención física. El vidente señala con tintura el lugar óptimo para operar y el espíritu, a través de la facultad, hace la operación con instrumentos invisibles. Se le venda al enfermo después, indicándole reposo y dieta. A veces utilizan cuchillos para imitar la intervención quirúrgica de un médico legítimo.

En otras operaciones la facultad ni siquiera tiene que estar presente, el doctor espiritual realiza su actividad durante la noche y el guía manda a sus asistentes a la casa del enfermo, que reposa en cama, con el objetivo de que lo preparen.

Coloca junto a la cama todo lo necesario para la operación: algodón, alcohol, tijeras, cuchillos, pinzas, etcétera. El enfermo se despierta convencido de haber sido operado, hasta sentir, por unos días, el dolor en la parte del cuerpo intervenida. Los espiritualistas dicen que los espíritus sanan los tumores —un gran peligro— y otras enfermedades graves.

También practican las inyecciones espirituales; sienten el piquete y después les queda adolorido el músculo donde lo recibieron. Muchos enfermos son adictos a este tipo de inyecciones invisibles, ellos mismos solicitan al espíritu que los está curando que les aplique alguna "inyección espiritual", ya que notan mucha mejoría en sus padecimientos.

Por estas acciones, la iglesia ha tenido enfrentamientos con la ley; se les reprocha recetar medicamentos sin tener la facultad de hacerlo y se les ha acusado de realizar abortos.

Durante las cátedras, por su parte, las personas divinas (Moisés, Jesucristo, Elías y María) bajan para enseñar al "pueblo bendito de Israel". Y en la misa dominical desciende Jesucristo. Las cátedras mayores, efectuadas los días 1, 7, 9, 13 y 21 de cada mes, corresponden al Gran Jehová y a María. El día primero es para agradecer a Dios por el mes que acaba de concluir y pedirle su bendición para el próximo. El día 7 conmemoran los siete sellos; el 9, el embarazo de María; el 13 conmemoran a los 12 apóstoles con Jesús, y el día 21 la edad que supuestamente tenía María cuando dio a luz.

Si estos días caen en martes o viernes, las cátedras supri-
men las limpias. Su creencia es que si descienden los adivinos
los espíritus menores o protectores no se presentan. Los pedestales que reciben las potencias son nombrados anteriormente por los guías en privado.

Los días 10 de mayo y 24 de diciembre se realizan las
cátedras más importantes. Es cuando se presenta la Trinidad
Mesiánica de Moisés, Jesús y Elías. Y hay cátedras aún más
importantes, cuando el Gran Jehová y la Virgen María descienden en los pedestales avanzados: el sábado de Gloria, 15 y 16 de
agosto, 1 de septiembre, 2 de noviembre, 24 y 31 de diciembre.

El 15 de agosto es la fecha en que Dios reveló su tercer
pacto con el pueblo de Dios, así que es un aniversario del pacto con su iglesia. El 16 es el cumpleaños de Rojas y el 1 de
septiembre se recuerda cuando recibió los 22 preceptos. Las
congregaciones pequeñas que no tienen portavoces muy de-
sarrollados piden a los templos mayores que envíen pedestales
para estas fiestas.

"El día de los difuntos baja el Padre Eterno para dar su
palabra, durante todo el mes anterior los mediums "dan luz"
a los muertos (los Media Luz) que fallecieron el año anterior,
en estas celebraciones es cuando aparece la Hermana Blanca"
(www.clerus.org/clerus/dati/2004-06/05-15/elias.html).

En la misa dominical el espíritu de Jesús da "comunión invi-
sible" a los espiritualistas, recibe a las quinceañeras, enseña,
exhorta y aconseja a su rebaño; se realiza la «marca» que sólo
Jesús la puede hacer; cuando el Padre Jesús se aposenta en el
cuerpo del guía empieza a oírse su palabra, es algo curioso ver
el movimiento de las manos del guía imitando a Jesús cuando

predicaba en la montaña. A menudo bendice a la gente con la señal de la cruz, más en forma de letra L, formando un triángulo trinitario. Se queda sentado con los ojos cerrados, habla por espacio de veinte minutos hasta una hora, refiriéndose a su Padre Jehová, a su Madre Amorosa y al Padre Elías. Después anuncia que va a dar a los fieles la comunión espiritual y levantando las manos como el sacerdote católico cuando levanta el cáliz y la hostia (sin llevar nada entre ellas ya que "todo es espiritual"), pide que pasen primero los varones quienes llegan uno por uno a sus "plantas", se arrodillan y fingen tomar la hostia espiritual, (el maná y la fuente de gracia). Después de esto acaricia la cabeza y la nuca del creyente repitiendo: "De la cabeza a los pies les doy mi bendición y estoy con ustedes para que tengan paz (www.clerus.org/clerus/dati/2004-06/05-15/elias.html).

Por lo general, en las cátedras los hombres se sientan de un lado y las mujeres del otro. Las visiones son recibidas con símbolos, la mayoría de ellos religiosos: cruces, palomas y corderos. También hay símbolos del fin del mundo, el momento en que sólo los "marcados" se salvarán para vivir en un paraíso terrestre.

Los espiritualistas rechazan la confesión; el individuo acude al pedestal y se confiesa directamente con Jesús. Psicológicamente esta modalidad funciona porque pueden desahogarse y a menudo rompen en grandes sollozos. El guía espiritual les rocía individualmente con una ramita de flor, luego repite el gesto con todos reunidos. Y de esta forma culmina su ceremonia.

La Iglesia La Luz del Mundo

La Iglesia del Dios Vivo Columna y Apoyo de la Verdad, mejor conocida como Luz del Mundo, es una ramificación cristiana de corte evangélico pentecostés. También es una de las expresiones religiosas más cuestionadas por su vínculo con el PRI, partido por el que votan sus feligreses siguiendo las órdenes de sus jerarcas, como si se tratara de un sacramento.

Fue fundada por Eusebio Joaquín González (1898-1964), quien en sus memorias dice que la noche del 6 de abril de 1926 tuvo una revelación: Dios le dio el nombre de "Aarón" y le encomendó restaurar la primitiva iglesia cristiana.

Soldado de la Revolución, Eusebio Joaquín González recibió el apoyo de los generales Álvaro Obregón y Plutarco Elías Calles cuando la Iglesia católica desconoció la Constitución de 1917, en que se le negaba personalidad jurídicas a los credos religiosos y se restringuía la participación del clero en la política, en su derecho a ejercer cultos fuera de los templos y a poseer bienes raíces.

El 18 de julio de 1943, Eusebio Joaquín dijo que había tenido otra revelación de Dios que le ordenó bautizarse "en el nombre del Señor Jesucristo".

Ungido como el elegido de la divinidad, en 1953 compró 14 hectáreas en la ciudad de Guadalajara, donde creó la primera colonia de la Iglesia La Luz del Mundo a la que llamó "Hermosa Provincia". Contaba con servicios de drenaje, agua potable y alumbrado público; hospital, servicio de primeros auxilios y farmacia; mercado, dos unidades deportivas, un jardín de niños, escuelas, correo, registro civil, banco, librería y estación de policía.

Esta iglesia tiene su sede internacional en la ciudad de Guadalajara y está registrada ante la Secretaría de Gobernación con la clave SGAR/7/93.2. Cuenta con un templo monumental que puede albergar hasta 12 mil personas o "aroncistas", como se llaman los fieles de la Iglesia La Luz del Mundo.

Eusebio Joaquín falleció el 9 de junio de 1964, a los 66 años de edad, y desde entonces la Iglesia La Luz del Mundo la heredó su hijo Samuel Joaquín Flores, acusado de enriquecimiento y de violar a hombres y mujeres. Conocido como "hermano Samuel", era considerado por los fieles como un "apóstol" enviado por Dios. Murió a los 77 años, en diciembre de 2014, y su hijo Naasón Joaquín García heredó el liderazgo del negocio familiar. Su mensaje fue: "Creed en Jesucristo y seréis salvos, creed en sus Apóstoles y estaréis seguros".

A partir de los noventa, la Iglesia del Dios Vivo Columna y Apoyo de la Verdad, La Luz del Mundo, ha crecido de manera inusitada. Oficialmente, según el censo del Inegi realizado en 2010, cuenta con 188 mil 326 miembros en México. El sitio web oficial de la organización asegura tener un millón y medio de devotos y 5 millones de seguidores en 35 países.

Está considerada como una organización cristiana pentecostal unicitaria porque únicamente acepta la existencia de Jesús, rechazando a la Santa Trinidad y a todos los santos.

Sus principios provienen de la Biblia, a la que consideran como "letra muerta" y la única regla de fe, la cual sólo puede ser interpretada por los varones. Consideran que Jesucristo es Hijo de Dios y Salvador del mundo, encarnado en la Virgen María por intervención del Espíritu Santo y cuya muerte es un sacrificio humano y agradable a Dios.

Por tratarse de un credo unitarista, bautiza "en el nombre de Jesucristo" y no "en el nombre del Padre, del Hijo y del Espíritu Santo"; sus adeptos defienden el libre albedrío, que contempla la elección del credo religioso, y sostienen que la ciencia es "un don de Dios" que debe servir a las más grandes causas de la humanidad.

Creen que Samuel Joaquín nació muerto y que Eusebio, su padre, le infundió vida, lo que lo equipara a Dios. Por lo tanto, Samuel era alguien superior a todos los demás, "un apóstol" mediador entre el mundo profano y sagrado: "Sólo se puede llegar a Dios a través del siervo Samuel, sólo se puede alcanzar la salvación eterna en nombre de Samuel".

Toda la estructura de la iglesia se basa, por mandato divino, en la familia Joaquín. Eusebio y Samuel son considerados intercesores de los hombres ante Dios, en sustitución de la Virgen de Guadalupe y el resto de santos. De esta forma, la iglesia se maneja a partir de un esquema de nepotismo sagrado; desde su fundación, el poder se hereda de padres a hijos estableciendo una casta divina.

Por ejemplo, dentro de la iglesia se venera a Elisa Flores, esposa del fundador Eusebio o "Aaron"; y le llaman la Jefecita. Eva García, esposa de Samuel Joaquín, es venerada al igual que sus hijos y nietos. De hecho, las fotos de todos ellos son puestas en las paredes de las casas de los devotos.

La organización interna de la iglesia se basa en una jerarquía piramidal. El apóstol, máxima autoridad, es el mediador entre Dios y los hombres y es reconocido como el ungido de Dios sobre la Tierra. Los pastores supervisan las jurisdicciones a su cargo y organizan a los ministros que se encuentran en las iglesias. Los diáconos ofician los sacramentos y tienen un don de discernimiento para reconocer cuando alguien "habla en lenguas" y para aprobar las nuevas uniones a la hermandad. Los doctorados son oficiales a los que se les atribuye el don de la sanación.

Los encargados supervizan la vida cotidiana de los creyentes y llevan un registro de todos, dentro y fuera de la iglesia; anotan la asistencia a las oraciones y consagraciones, la constancia del diezmo, la participación en las obras de construcción y de la iglesia y las faltas cometidas. Si existen problemas o anomalías en la conducta de los fieles, los encargados son los responsables de llamarles la atención. Los obreros son los miembros que aspiran a tener cargos ministeriales.

La administración de La Luz del Mundo está dirigida por un director internacional, es decir, el apostol en turno. Existen diversos ministerios como el de Salud y Bienestar Social; Relaciones Públicas; de Cultura y Educación Cristiana; Ceremonial; de Terrenos y Obras Materiales; de Honor y Justicia; de Ortodoxia, y de Finanzas y Estadísticas.

Las mujeres tienen un papel secundario. No pueden oficiar oraciones generales, predicar, hablar en el púlpito, ni hablar, preguntar o leer las Sagradas Escrituras en las reuniones en las que participan varones; tienen grupos de oración exclusivos para ellas y no pueden ser pastoras ni apóstoles.

Ellas también cuentan con su propia jerarquía, encabezada por las diaconisas, quienes tienes funciones similares a las de los hombres, salvo que no pueden realizar los sacramentos. Las encargadas por lo general son esposas de los pastores.

Las mujeres están destinadas a servir en la comunidad de la iglesia, mantener el orden y controlar la conducta de otras mujeres. Ayudan en los hospitales, las escuelas, los albergues, la biblioteca de la iglesia, en el templo, en las obras de construcción y en el huerto de Getsemaní perteneciente a la organización. Si son solteras destinan su tiempo libre a la iglesia, al cuerpo de protección social, al coro o a colaborar en la construcción de templos, evangelización o asistencia a las asociaciones civiles de la organización.

La Iglesia La Luz del Mundo tiene una labor pedagógica que sirve para reafirmar su visión del mundo y, al mismo tiempo, promover la educación y la eliminación de analfabetismo entre sus comunidades. Para ello cuentan con escuelas primarias y secundarias de cuota. También poseen un centro universitario incorporado a la Universidad de Guadalajara, en el que se imparten carreras como contaduría, administración de empresas, derecho e informática.

La iglesia tiene un control absoluto sobre sus feligreses, a quienes regula la vestimenta. Las mujeres deben usar faldas largas hasta los tobillos, no deben cortarse el cabello ni usar maquillaje, aretes, soguillas y al entrar al templo deben usar velos. Los hombres deben portar saco y corbata. No deben fumar, decir maldiciones, y tienen prohibido ir a bailes, al cine o al teatro.

Tampoco se les permite ver televisión ni escuchar música que no sea la de la organización religiosa. No tienen permiso de participar en chismes, estar ociosos o ser vanidosos. No celebran Navidad ni tampoco Semana Santa. Sus fiestas son el 14 de febrero, natalicio de su fundador Eusebio, y celebran la Santa Cena en lugar del Año Nuevo.

La liturgia, de carácter solemne y emotivo, es muy organizada. Entonan himnos y cantos alternándolos con lecturas de la Biblia; los fieles acuden a dar sus testimonios, se realizan prédicas y hay oraciones colectivas. En las reuniones generales de la iglesia, las mujeres deben estar sentadas del lado derecho del templo y los hombres del lado izquierdo.

Hablar en lenguas —lo que experimentan con mayor frecuencia las mujeres que los hombres— es una de las prácticas permitidas y "recibir al Espíritu Santo" constituye la prueba de que se pertenece a la "iglesia verdadera cristiana".

Debido a que se considera la única iglesia legítima, su relación con otras denominaciones protestantes es nula. De hecho, otras iglesias, incluidas la del credo pentecostal, han señalado a La Luz del Mundo como una secta.

En su libro *Las batallas del Estado laico*, el especialista en temas religiosos, Bernardo Barranco, señala que con el paso de los años esta iglesia ha ido consolidándose hasta alcanzar el reconocimiento oficial. En 1993 se registró como asociación religiosa. Parte de esta consolidación se debe a las alianzas que ha hecho con el PRI, a nivel federal, y con el Partido Acción Nacional (PAN), en el estado de Jalisco, donde tiene su principal fuerza.

Muchos afirman que el peso electoral, especialmente en Jalisco, convierte a la iglesia en interlocutora obligada en términos políticos. Por su peso numérico y social ha adquirido un posicionamiento privilegiado que la sitúa como un referente ineludible, particularmente electoral. Además del peso religioso, la iglesia tendría un peso político. Sus vínculos con el PRI han sido aprovechados por sus detractores, especialmente para descalificarla. Sin embargo, se olvida que el grueso de los movimientos evangélicos y protestantes históricamente se ha cobijado en el largo mandato oficial y, por tanto, ellos han inclinado su voto por el tricolor. La misma iglesia católica, incluso enfrentada al proyecto laicista del PRI, convivió por décadas con la cultura política monopolizada por ese partido.

Barranco señala, en este contexto, que la Luz del Mundo ha sido considerada una iglesia progubernamental. Sus miembros formaron la Federación Nacional de Colonos en Hermosa Provincia, que se afilió a la Confederación Nacional de Organizaciones Populares (CNOP), de perfil priísta.

En 2000, cuando inició la alternancia partidista, la iglesia diversificó sus vínculos con otras fuerzas políticas.

Por ejemplo —sostiene Barranco—, si en Jalisco los vínculos históricos han sido con el PRI, pareciera que la iglesia ha asentado sus nexos con el PRD de la Ciudad de México. En 2004 realizó un magno evento en el Auditorio Nacional para celebrar 40 años de misión apostólica de su líder Samuel Joaquín. Al festejo asistió la asambleísta Lorena Villavicencio, el secretario del PRD en el Distrito Federal, Isaías Villa, y Joel Ortega, en representación de Andrés Manuel López Obrador.

De esta manera la Iglesia La Luz del Mundo ha logrado mantenerse vigente en los tiempos de crisis. Sus labores pastorales se conjugan con las alianzas políticas, que han ayudado a expandir la influencia y el poder de la familia Joaquín Flores.

Virgen zapatista

Epílogo

Santidades rebeldes

Desde el movimiento de Independencia, los movimientos sociales y armados han tenido una fuerte referencia religiosa que ha cohesionado voluntades alrededor de la fe. Enarbolando un estandarte de la Virgen de Guadalupe, los curas Miguel Hidalgo y José María Morelos y Pavón se alzaron para liberar el país del yugo español.

Esto puede ejemplificarse más recientemente con la rebelión indígena de Chiapas en 1994, fecha en que el Ejército Zapatista de Liberación Nacional (EZLN) lanzó la declaración de guerra al gobierno mexicano, exigiendo libertad, techo, salud, trabajo, justicia y dignidad.

Los fundadores de este grupo guerrillero tenían un pasado socialista y comunista, al participar con las Fuerzas de Liberación Nacional (FLN), fundadas en 1969 en Monterrey, por los hermanos César y Fernando Yáñez. Pero, en Chiapas, el movimiento se configuró desde un inicio con un aliento religioso. Una de sus mayores influencias fue la del obispo de San Cristobal de las Casas, Samuel Ruiz, quien les inculcó los valores de la llamada Iglesia de los Pobres: luchar por una vida digna.

Ese sustrato de fe ayudó a la organización clandestina del EZLN desde 1983, cuando un grupo de jóvenes, entre ellos el famoso Subcomandante Marcos, se internó en las cañadas de Ocosingo para formar el primer ejército rebelde guerrillero en la historia reciente de México.

La mayor parte de los integrantes del EZLN en Chiapas son indígenas del pueblo formado por el Tatik, Samuel Ruiz. Quizá de ahí que años después de la declaración de guerra las comunidades de base hayan adoptado sin problema la llamada Virgen Zapatista, una obra de Gustavo Chávez Pavón que se encuentra en el caracol de Oventic, en la zona de Los Altos.

En su libro *Chiapas a deshora*, Salvador Martí Puig dedica un capítulo a analizar el papel del muralismo dentro del movimiento armado zapatista y, en esas páginas, pondera el papel de Chávez Pavón.

Gustavo es un muralista callejero que nació en el barrio popular de Santa Julia, en la Ciudad de México, y participó en varios movimientos populares, como el de la Coalición Obrero Campesino Estudiantil del Istmo de Tehuantepec (Cocei), en Oaxaca.

Su primer contacto con el muralismo fue a los 14 años, en Estados Unidos, a donde había llegado como migrante ilegal. Ahí pudo ver cómo se pintaban las paredes de la plaza de Chicano Park, en la ciudad de San Diego, y a su regreso a México empezó a trabajar en el ámbito de las artes plásticas.

En los años ochenta, marcados por la efervescencia de la revolución sandinista en Nicaragua y los conflictos armados en El Salvador y Guatemala, Gustavo se ligó con diversas causas sociales. Su idea era que el muralismo debía formar parte esencial de la protesta y su interés consistía en que la gente participara en la creación de la obra.

Así describe Salvador Martí Puig, la resistencia desarrollada por Chávez Pavón.

De noche, él y otros amigos, los llamados toleditos (en referencia a los discípulos del famoso pintor oaxaqueño Francisco Toledo), pintaban murales de denuncia. A menudo las imágenes eran gorilas y chimpancés, burlándose de quienes acababan de arrebatar el poder municipal por la fuerza. Un día, cuando pintaban una pared, el ejército lo detuvo, junto con otros amigos y los encarcelaron. Era la época —ya prolongada— en la cual en México había muchos desaparecidos por causas políticas y, en esa ocasión, ellos tenían grandes probabilidades de convertirse en algunos más. Sólo la movilización popular de los vecinos les salvó. Pintar, en estas circunstancias, era una actividad muy peligrosa.

La experiencia de Juchitán fue para ellos, según nos dice, iniciática. A partir de estos hechos, que ocurrieron en el año 1983, él y otros compañeros se dedicaron a pintar murales por toda la República con el objetivo de apoyar a grupos de activistas. Colaboraron con organizaciones de colonos y estudiantes, con sindicatos y asociaciones de pobladores, siempre pintando murales. Así conocieron el país: fueron a pintar a Chihuahua, a Puebla, a Sonora, a Nayarit, a Michoacán y a muchos otros de los 32 estados de la República [...]

En esos momentos eran muchas las organizaciones que difundían este tipo de arte. Un arte que mantiene el cordón umbilical con los grandes maestros de las artes gráficas mexicanas postrevolucionarias, como Rivera, Orozco o Siqueiros. En esta tarea cabe mencionar los esfuerzos realizados por el Centro Libre de Experimentación Teatral y Artística, el CLETA,

creado a finales de los años setenta, y también a uno de sus
maestros e inspiradores, el pintor José Hernández Delgadillo.
Del CLETA surgió una multitud de iniciativas culturales que
tenían como galería pública al parque de Chapultepec. Desde
ahí, uno de los lugares preferidos de los chilangos para pasear
los domingos, los artistas convocaban a la solidaridad con los
pueblos en lucha de Centroamérica.[1]

Desde los primeros momentos de la rebelión neozapatista gran
parte de la comunidad artística se sumó a la causa; el CLETA
apoyó al movimiento participando en la primera Caravana
Cultural de Artistas Nacionales e Internacionales, en la que
Gustavo organizó brigadas de muralistas en los municipios
autónomos. En Oventic pintó a la Virgen de Guadalupe, pero
con el icónico paliacate en el rostro, que no sólo usaban los
integrantes del EZLN, sino que fue adoptado como símbolo
por todos aquellos que simpatizaban con su lucha.

La Virgen Zapatista, en un sentido estricto, no era nove-
dosa: reivindicaba la continuidad de una tradición en que se
conjugan las luchas sociales y la fe popular, con por lo menos
tres siglos de vida.

La primera aparición se dio en 1708 en Zinacantán, cuando un ermitaño se hizo venerar por la gente del pueblo. En
1711, un indio de Simojovel que decía ser primo de la Virgen
de la Soledad y otro que afirmaba ser san Pablo anunciaban el
fin de los tiempos. En marzo de 1712, en Chenalhó, la imagen
del Santo Patrono del pueblo sudó; ese mismo año, en Can-
cuc, una india llamada María López anunció que se le había

---

[1] Salvador Martí Puig. *Chiapas a deshora*, Italia, Contravent, 2012.

aparecido la Virgen María y le había pedido que construyeran una ermita para que pudiese vivir entre los indios. La joven adoptó el nombre de María de la Candelaria y pregonó un mensaje explosivo: ya no había rey.

En ese momento, los pueblos de Chinampas y Coronas, Los Zendales y Guardianía de Huitiupán dejaron de pagar los tributos y expulsaron a los españoles de toda la región en una guerra sangrienta que terminó con la represión masiva.

En 1912, estalló otra rebelión en el pueblo tzotzil de Chamula, encabezada por Jacinto Pérez Pajarito. Lo impulsó una revelación que tuvo de san Mateo, en la que se le comunicó la necesidad de liberar a su pueblo y conquistar otras tierras. Jacinto era considerado un *xalik* o salvador, y algunos lo veían como una reencarnación de Pedro Díaz Cuscat que en 1869, en el paraje Tzajaljemé, dio pie a la sublevación indígena conocida como la Guerra de Castas.

En 2007 apareció otra virgen rebelde, en el seno del movimiento de la Asamblea Popular de los Pueblos de Oaxaca (APPO): la llamada Virgen de las Barricadas, acompañada de una encarnación del Santo Niño de la APPO.

"No hay mejor manera de construir una imagen que al fragor de la lucha, al fragor de la angustia, al fragor de la ira, al fragor del amor. Así se hacen las imágenes; así se hacen las imágenes religiosas que tienen trascendencia", dice Jorge Luis Martínez, jefe de la familia Martínez Antonio, hogar en donde nació el Santo Niño de la APPO.

En una entrevista difundida en redes sociales, la familia Martínez se adjudica la creación de esta figura religiosa unida a la lucha popular que, en 2006, en la ciudad de Oaxaca, intentó derrocar el gobierno corrupto y autoritario de Ulises

Ruiz. El gobernador respondió sofocando la rebelión con los más atroces métodos, como la creación de un grupo parami- litar, un escuadrón de la muerte encargado de aniquilar a los principales líderes del movimiento.

> Remedios Antonio, jefa del hogar y creadora de la oración al Santo Niño de la APPO recuerda que en aquel año, las cadenas de oraciones realizadas durante nueve noches, la encomienda a santos y los intercambios de imágenes de san Antonio eran fundamentales para mantener viva la fe entre los maestros en resistencia.

La imagen del Santo Niño de la APPO salió a la luz pública el 4 de febrero, durante la novena megamarcha de la APPO y la sección 22 del magisterio. De inmediato fue adoptado como un elemento más de la protesta. Se le representó con un casco y un escudo, como los que usaban las personas para hacer frente a las fuerzas represivas del Estado; también llevaba una camiseta de Los Pumas, el equipo de futbol de la máxima casa de estudios, que representaba el apoyo de la comunidad universitaria, y a sus pies había cacerolas aboyadas, como las empleadas por las señoras que salieron de su casa golpeando las ollas para hacerse escuchar.

> ...el Santo Niño APPO, permaneció vigente en su altar en la casa ubicada en la calle de Adolfo López Mateos de la capital de Oaxaca. A sus pies siguen las veladoras y como a cualquier otro santo se le reza y se le pide protección.
>
> Es al Niño APPO a quien se le atribuye, principalmente, la liberación de los presos políticos como Flavio Sosa, el regreso

de los exiliados y la protección de las viudas y huérfanos del 2006.

Después del nacimiento del Santo Niño APPO, surgió en Oaxaca otra imagen símbolo del movimiento popular y devoción: la Virgen de las Barrikada, pintada en blanco y negro, portando en la cara una máscara antigases y un collar de púas. Con llantas ardiendo en su manto y bajo ella la leyenda "Protégenos Santísima Virgen de las Barrikadas (http://forosdelavirgen. org/71779/la-iglesia-de-oaxaca-excomulgara-a-quien-lleve-a-bendecir-a-imagenes-de-la-santa-muerte-y-otras-13-11-04/).

De manera surrealista, este icono surge entre los grupos anarquistas que se unieron al movimiento. Entre estos jóvenes se elaboró la oración que parafrasea el Padre Nuestro.

> Madre que estás en nuestra vida,
> recordado sea tu nombre.
> Venga a nosotros tu rebeldía
> como tu desobediencia e insumisión.
> Hágase presente tu acción
> así en la casa como en la calle
> para llegar a la revolución.
> Danos hoy nuestra anarquía de cada día,
> perdona que a veces haya falta de conciencia
> y tengamos errores,
> pero no perdones a los agresores.
> No nos dejes caer en la ignorancia
> ni en la violencia injustificada.
> Líbranos de políticos y montajes policiales,
> de fascistas e infiltrados;

cuida de mis hermanos y compañeros
y también de mí.
Amén.
¡Viva la Anarquía!

La Virgen de las Barricadas "representa el icono guadalupano
para producir una denuncia, para construir una resistencia
visual y crear un icono que sirva de unión y punto de identi-
ficación en el Movimiento y sobre todo entre el sector juvenil
de la APPO", indica la socióloga Margarita Zires, en su ensayo
"Imaginarios religiosos y acción política en la appo: El Santo
Niño de la appo y la Virgen de las Barrikadas".

La APPO fue una de las experiencias de organización social
más importantes de los últimos años; no era un partido ni una
guerrilla, sino un movimiento sin cabezas visibles, integrado
en su mejor momento por 365 organizaciones ciudadanas, populares, indígenas, sindicales, estudiantiles y de comunidades
de base de la iglesia. Nacida el 17 de junio de 2006, a partir del
movimiento magisterial, se convirtió en una sublevación popular contra Ulises Ruiz, quien había hecho tantos desmanes
y actos de corrupción que los oaxaqueños ya no lo soportaron.

Y como todo movimiento popular mexicano, tuvo en el
Santo Niño y en la Virgen de las Barricadas sus expresiones
de fe que fueron inmediatamente condenadas por la iglesia
católica.

> Chávez Botello dijo que para la iglesia los santos y las vírgenes
> tienen un fin común, son ante todo modelos de fe, que hablan
> de una devoción auténtica y responsable en la vida y la socie-
> dad, "nos lleva levantar la humanidad".

Explicó que en Oaxaca hay una gran feligresía en torno a las vírgenes, la del Rosario, de Juquila, de la Merced, de la Soledad, que han servido al pueblo de intercesoras, como mitigadoras de dolores y ganas de seguir en el camino de vida. "Reflejan unidad, fortaleza, sacrificio, sin dolor, ni lucro".

El prelado reconoció que tras la crisis social y política de Oaxaca, la sociedad se descompuso, se dañó.

Urgió un trabajo esforzado de los sacerdotes para fortalecer la labor de la catequices y la oración.

"El pueblo está perdido fe y la iglesia tiene mucho ver", anunciando el inició de una gran laboral pastoral pueblo por pueblo para saldar los vacíos y atender los rezagos que existen en la debilidad en la formación del espíritu.

"El pueblo tiene hambre de fe, hay que ayudarlo a recuperarla, volviendo a atender sus causas".

Sin embargo la tolerancia de la iglesia se termina cuando imágenes de la santa muerte, la virgen de las barricadas y el santo niño de APPO son llevadas a sus santuarios para ser bendecidas.

El padre José Guadalupe Barragán -vocero de la arquidiócesis-, respondió:

"Aquí ante estos actos no hay vuelta de hoja, quien sea descubierto haciendo éstos está excomulgado" (http://foros delavirgen.org/71779/la-iglesia-de-oaxaca-excomulgara-a-quien-lleve-a-bendecir-a-imagenes-de-la-santa-muerte-y-otras-13-11-04/).

Sin embargo, la fe en los santos populares no dimitió. Algo común en este tipo de credos extraoficiales, que se mantienen vivos a través de la fe de millones de mexicanos desamparados que ven en ellos el último de los reductos o el único de los asideros en el oscuro túnel o en la tormenta de violencia, corrupción, pederastia, ejecuciones, desapariciones, inseguridad y abandono que parece no tener fin.

Ciudad de México, 2 abril de 2016

Bibliografía

Aguilar Martínez, Mariano, *Leyendas potosinas*, México, Ediciones Contraste, 1984.

Alfaro Bedolla, Leónidas, *La maldición de Malverde*, España, Almuzara, 2006.

Domecq de Rodríguez, Brianda, "Teresa Urrea. La Santa de Cabora", *Memoria del VII Simposio de Historia y Antropología*. México, Universidad de Sonora, 1982.

Gill, Mario. *Teresa Urrea, La Santa de Cabora*, México, Brigada para Leer en libertad, 2014.

Granados, Berenice, "Emiliano Zapata. ¿Santo, "empautado", dueño?". *Revista de Literatura Populares*, año XII, núm. 12, julio-diciembre 2012, Facultad de Filosofía y Letras, UNAM, 2012.

Gudrún Jónsdóttir, Kristín, *Bandoleros santificados. Las devociones a Jesús Malverde y Pancho Villa*, San Luis Potosí, El Colegio de San Luis Potosí, 2014.

Lomnitz, Claudio, *La idea de la muerte en México*, México, Fondo de Cultura Económica, 2006.

Madero, Francisco I., *Obras completas de Francisco Ignacio Madero. Cuadernos Espíritas, 1900-1908*, México, Clío, 2000.

Martí Puig, Salvador, *Chiapas a deshora*, Italia, A Contravent, 2012.

Newell, Gillian E., *Teresa Urrea: ¿una precursora chicana?*, Tucson, Universidad de Arizona, Departamento de Antropología, junio 2002.

Olmos Rodríguez, José Gil, *La Santa Muerte, la virgen de los olvidados*, México, De Bolsillo, 2010.

Perdigón Castañeda, Katia J., *La Santa Muerte. Protectora de los hombres*, México, Instituto Nacional de Antropología e Historia, 2008.

Sánchez Reséndiz, Víctor Hugo, *De rebeldes fe: identidad y formación de la conciencia zapatista*, México, Instituto de Cultura de Morelos, 2006.

Vanderwood, Pail J., *Juan Soldado. Violador, asesino, mártir y santo*, San Luis Potosí, El Colegio de San Luis Potosí, 2008.

Internet

Aguirre Botello Manuel, "Las crisis económicas en México 1929-2012", www.mexicomaxico.org

Cedillo, Juan Alberto, EFE, http://www.revistalaguia.com/photos/...a%20_4%20a.jpg

Contreras, René, "Juan del Jarro ¿milagroso?", http://rinconar.blogspot.mx/2008/11/juan-del-jarro-milagroso.html

Parametría, "La crisis de la Iglesia Católica", abril de 2010, www.parametria.com

Kevin Freese, "El culto de la muerte de los señores de la droga, santa patrona mexicana del crimen, los criminales y los marginados", http://bibliaytradicion.wordpress.com

http://www.noticiacristiana.com/sociedad/2009/02/la-religion-
catolica-pierde-feligreses-por-todas-partes-aunque-traten-
de-ocultarlo.htm "La religión católica pierde feligreses por
todas partes aunque traten de ocultarlo".